Mein großes Weihnachtsbuch

mit vielen
Geschichten zum Vorlesen und Selberlesen
Weihnachtsliedern mit Noten zum Singen und Spielen
Backrezepten für Weihnachtsgebäck und Bastelanleitungen

Bilder von

Felicitas Kuhn · Gisela Gottschlich · Gerti Lichtl
Hella Soyka · Gabriele Beithner · Elfriede Türr
Berti Breuer-Weber und Elisabeth Dirr

PESTALOZZI-VERLAG, ERLANGEN

Laßt uns froh und munter sein

2. Dann stell' ich den Teller auf,
Niklaus legt gewiß was drauf.

3. Wenn ich schlaf', dann träume ich:
Jetzt bringt Niklaus was für mich.

4. Wenn ich aufgestanden bin,
lauf' ich schnell zum Teller hin.

5. Niklaus ist ein guter Mann,
dem man nicht g'nug danken kann.

Die Geschichte vom kleinen Englein Plotsch

1. Dezember

Hier beginnt die Geschichte vom kleinen Englein Plotsch. Es ist Advent geworden. Und das ist Plotschs große Zeit. Warum das so ist, werde ich dir nun erzählen:
Poch, poch, klopfte es an die Tür zum Weihnachtshimmel. Der Heilige Petrus nahm seinen großen Schlüsselbund zur Hand. Mit dem größten Schlüssel sperrte er die Tür auf. Vor ihm stand ein kleiner Engel. Das Kerlchen machte riesige Augen. Es tapste verlegen auf Zehenspitzen herein.

„Wen haben wir denn hier?" wollte der Heilige Petrus gerade fragen. Doch das Englein konnte wohl nicht gut auf Zehenspitzen gehen. Es stolperte. Und ausgerechnet am Schlüsselbund wollte es sich festhalten. Der Schlüsselbund öffnete sich, und alle Schlüssel prasselten auf den Boden. – Und das Engelchen fiel natürlich auch auf die Nase. Der kleine Pechvogel blickte betreten nach oben. „I..ich heiße Plotsch", stammelte er. „Ich komme vom Sternenhimmel. Dort habe ich abends immer die Sterne aufgehängt."

„Aha", sagte der Heilige Petrus. „Und was willst du hier im Weihnachtshimmel?"

Das Engelchen wurde noch verlegener. „Das ist so", begann es zögernd. „Mir sind immer wieder Sterne aus der Hand gefallen. Das waren dann Sternschnuppen. –

Die Menschen feuen sich, wenn sie eine Sternschnuppe sehen. – Aber der große Engel hat sich nicht gefreut. Er hat mich ‚Plotsch' genannt. Das heißt soviel wie ‚Tollpatsch'. Er sagte, ich hätte zwei linke Hände. Und deshalb bin ich hierher gekommen." – Der Heilige Petrus schmunzelte. „Und was willst du nun hier?" fragte er nochmals.
„Oh, ich möchte helfen!" rief das Engelchen eifrig. „Im Weihnachtshimmel muß es doch jetzt viel Arbeit geben – wo das Fest so nahe ist. Das kann ich bestimmt... oder doch nicht?" Damit sah es schuldbewußt auf die vielen Schlüssel am Boden.
Der Heilige Petrus folgte seinem Blick. Aber er machte gleich ein zuversichtliches Gesicht. „Wir werden schon etwas für dich finden", tröstete er Plotsch. „Arbeit gibt es genug. Da sind auch zwei linke Hände willkommen. Aber bitte, heb mir zuerst die Schlüssel auf. Wenn man so alt ist wie ich, fällt das Bücken nicht mehr so leicht. Wenn du alle zusammen hast, dann leg sie bitte auf das Schränkchen. Ich habe jetzt keine Zeit mehr. Ich muß fort."
Mit diesen Worten drehte sich der Heilige Petrus um und ging davon.
Da saß nun unser Plotsch. Rings um ihn herum lagen die vielen Schlüssel. Die sollte er alle aufheben. Und dann durfte er hierbleiben! Hier, im Weihnachtshimmel! Das hieß, er wurde gebraucht – trotz seiner beiden linken Hände. Das machte ihn so stolz, daß er alles um sich herum vergaß. Auch die Schlüssel, die er aufheben sollte. Plotsch blickte selig in die Luft und träumte vor sich hin.

In der Weihnachtswerkstatt

Wenn der Herbst beginnt, kommt für viele Kinder eine Zeit, mit der sie nicht viel anfangen können. Ein kalter Wind weht und reißt alle Blätter von den Bäumen. Dazu regnet es beinahe jeden Tag. Nun wird es nicht mehr lange dauern, bis der erste Schnee fällt, und dann ist schon bald Weihnachten. Doch soweit denkt noch kein Kind voraus – wo doch eben erst der Sommer vorüber ist! Für weihnachtliche Gedanken ist es noch viel zu früh.

Aber so ist es nicht überall. Es gibt einen Ort, wo man sich bereits jetzt große Gedanken um das kommende Weihnachtsfest macht. Dort öffnet sich soeben ein großes Tor, das nun bis Weihnachten nicht mehr geschlossen wird. Es ist das verborgene Tor zur Himmelswerkstatt, durch das nach und nach die Englein erscheinen. Für sie beginnt nun die Zeit der Weihnachtsvorbereitungen.

Es gibt verschiedene Räume in der Himmelswerkstatt. Gleich links neben dem großen Eingangstor ist die Schneiderei. Hier sind die Englein schon emsig am Zuschneiden, Nähen und Bügeln. So viele Kinder möchten für ihre Puppen zu Weihnachten neue Kleider haben – da bekommen die Schneiderenglein alle Hände voll zu tun.
Petrus sieht sich zu dieser Zeit immer gern in der Himmelswerkstatt um und plaudert ein Weilchen mit den Englein. Dabei erfährt er allerhand Neues über Puppenmütter und ihre Kleidersorgen.

Was hinter der nächsten Tür vor sich geht, kann man schon von weitem hören. Den ganzen Tag ertönt von dort der Lärm vom Hämmern, Sägen, Hobeln und Feilen. – Die Schreiner sind hier an der Arbeit. Unter ihren geschickten Händen entstehen Holztiere, Bagger, Flugzeuge, Skier und viele andere herrliche Spielsachen.

Wenn die Englein in der Schreinerei ein Stück vollendet haben, geben sie es nach nebenan zu den Malerengeln. Sie malen alle Spielsachen bunt und lustig an.

Man muß nur immer dem guten Duft nachgehen, dann gelangt man ganz bestimmt in die Backstube. Dort werden pausenlos die herrlichsten Plätzchen, Lebkuchen und Christstollen gebacken. Keinem Englein gelingt es, daran vorbeizugehen, ohne zumindest einmal kurz hineinzusehen. Und meistens bleibt es nicht beim Hineinsehen, denn wenn es wieder gegangen ist, sind bestimmt einige von den besten Plätzchen einfach spurlos verschwunden. Aber die Englein in der Backstube wissen schon Bescheid, und deshalb backen sie eben entsprechend mehr von den leckeren Sachen. Schließlich sind sie selbst kleine Feinschmecker und können dem köstlichen Duft so wenig widerstehen wie alle anderen.

Wer in den hintersten Raum der Himmelswerkstatt kommt, dem bietet sich ein trauriges Bild. Überall sitzen Puppen ohne Arme und ohne Beine. Viele haben keine Haare mehr oder ein Auge verloren. Auch Teddybären und Stofftiere, deren Fell zerrissen ist, sind dabei. Sie sind bestimmt alle einmal sehr hübsch gewesen, aber nun sind sie kaputt, und kein Kind möchte mehr mit ihnen spielen. Doch zum Glück gibt es die Weihnachtsenglein. Sie haben alle diese Puppen, Teddys und Stofftiere eingesammelt und nähen sie sorgfältig wieder zusammen, setzen fehlende Arme und Beine wieder ein und geben ihnen neue Haare. Wenn sie dann noch neue Kleider aus der Schneiderei bekommen haben, sehen sie oft noch schöner aus, als zu den Zeiten, wo sie noch neu waren.

In den Wochen vor Weihnachten kommen die Englein in der Himmelswerkstatt nicht zur Ruhe. Die ersten Geschenke werden schon zum 6. Dezember benötigt, wenn der Nikolaus auf die Erde fährt. Wie in jedem Jahr stellt der Nikolaus auch heute fest, daß alles rechtzeitig fertiggeworden ist. Sein großer Gabensack ist in diesem Jahr wieder bis zum Rand mit Geschenken angefüllt. Die Englein haben fleißig gearbeitet. Aber für wen die einzelnen Weihnachtsgeschenke alle bestimmt sind, erfahren sie erst jetzt, denn soeben kommt der Postengel zurück, der auf der Erde die Wunschzettel der Kinder eingesammelt hat.

Nach dem Nikolaustag gönnen sich die Englein nun keine Pause mehr. Noch sind nicht alle Geschenke fertig und schließlich müssen alle eingepackt werden. Aber pünktlich zum Heiligen Abend haben sie es geschafft. Nun schmückt jedes Englein noch ein Weihnachtsbäumchen, dann macht es sich damit auf den Weg zur Erde. Dort wird es schon sehnsüchtig erwartet, denn überall freuen sich heute die Kinder auf das Kommen der Weihnachtsenglein und des Christkindes. Und von den Englein erhalten sie nun die Geschenke, die erst vor kurzer Zeit in der Himmelswerkstatt entstanden sind. Das Christkind aber bringt heute allen Menschen seinen weihnachtlichen Segen.

Nun herrscht endlich Ruhe in der Himmelswerkstatt. Das Tor wird geschlossen und sorgfältig abgesperrt. Es wird sich erst wieder öffnen, wenn im nächsten Herbst die Englein erscheinen, um sich aufs Neue an die Arbeit zu begeben. Bis dahin haben nun alle Zeit, um sich auszuruhen – die Ferien für die Englein haben begonnen.

Nikolaussprüche

Wer kommt denn da geritten?
Herr Wude Wude Nikolaus,
laß mich nicht lange bitten
und schüttel deinen Beutel aus.

Norddeutschland

Lieber, guter Nikolaus,
lösch uns unsre Vieren aus,
mache lauter Einsen draus,
bist ein braver Nikolaus.

Berlin

Wo die Kinder folgen gern,
da bring ich Nuß und Mandelkern,
Äpfel, Birnen, Hutzeln und Schnitz
für den Hansl und Heiner,
für den Franzl und den Fritz.

Süddeutschland

Santi Niggi Neggi
hinterm Ofe steggi,
gim mer Nuß und Bire,
so köm i wieder fire.

Alemannisch

Ich komm von weit,
hab nicht viel Zeit,
drum haltet Speis und Trank bereit.
Der Stern scheint blank,
ich bleib nicht lang,
behüt euch Gott,
habt schönen Dank.

England

Niklaus, komm in unser Haus,
schütt dein goldig Säcklein aus,
stell den Esel an den Mist,
daß er Heu und Hafer frißt.

Hessen

Nikolaus, du frommer Mann,
komm mit deinem Schimmel an
und dem schwarzen Piet.
Alles, was man wünschen kann,
Spielzeug, Kuchen, Marzipan,
bring uns bitte mit.
Haben wir nicht recht getan,
so verzeih uns, heilger Mann,
Schimmelchen und Piet.

Westfalen

Die Geschichte vom kleinen Englein Plotsch

2. Dezember

So groß kam Plotsch sich auf einmal vor! Er durfte im Weihnachtshimmel mithelfen! Das Englein reckte sich stolz und – bumms! – stieß es mit dem Kopf gegen eine Tischkante. Das riß es aus seinen Träumen. Es sollte doch die Schlüssel des Heiligen Petrus zusammensuchen. Jetzt aber schnell! Zu dumm! Ein Schlüssel war unter den großen Schrank gefallen. Plotsch mußte hinunterkriechen. Gerade wollte er nach dem Schlüssel greifen. Da gab es einen Ruck an seinen Beinen. Wie der Blitz kam Plotsch unter dem Schrank hervor. Da fiel ihm ein Buch auf den Kopf. Und rings um ihn purzelten weitere Bücher auf den Boden.

Vor Plotsch stand ein anderes Engelchen. Es blickte ihn erschrocken an. „O je, deine Beine hab ich gar nicht gesehen", entschuldigte es sich. „Wo warst du denn?"

„Na, unter dem Schrank", brummte Plotsch. „Ich wollte den Schlüssel hervorholen. Den habe ich jetzt vor Schreck dort liegen gelassen!"

„Haha, noch ein Schussel!" lachte der andere Engel. „Verzeihung, ich bin nämlich auch schusselig. Ich heiße sogar Schussel."

„Ich heiße Plotsch", sagte Plotsch. „Aber ein Schussel bin ich nicht. Ich habe nur zwei linke Hände."

Die Geschichte vom kleinen Englein Plotsch

3. Dezember

Hinter der großen Himmelstür standen noch immer unsere beiden Englein. Plotsch half Schussel, die Bücher aufzuheben. Dabei plauderten die beiden vergnügt.

Plötzlich öffnete sich eine Tür. Eine ärgerliche Stimme rief: „Was soll der Lärm? Wir brauchen Ruhe! Hier werden Geschichten für die Bilderbücher geschrieben. Aber bei dem Krach..." Weiter kam die Stimme nicht, denn es flog nur noch Papier durch die Luft.

Komisch, dachte Plotsch. Hier im Weihnachtshimmel fliegt alles: Erst Schlüssel, dann Bücher und nun Papier...

Schuld daran war ein offenes Fenster in der Schreibstube. „Bitte, hebt es schnell auf!" hörten Plotsch und Schussel noch, dann war die Tür auch schon zu. Kichernd sammelten die beiden alles auf. Plotsch gab die Blätter wieder zurück. Da krachte es schon wieder. Schussel faßte sich mit beiden Händen an die Stirn und murmelte: „So was Dummes! Jetzt weiß ich nicht mehr, wohin ich die Bücher bringen sollte!"

„Deshalb brauchst du sie doch nicht wieder wegzuwerfen!" rief Plotsch.

„Hab' ich das?" fragte Schussel völlig verschusselt.

Weihnachtsbäckerei

Magst du Plätzchen? Hier kannst du selbst welche backen. Vielleicht hilft dir auch die Mutter dabei. Sie kann zum Beispiel den Backofen anschalten. Die Backröhre muß vorgeheizt werden. Sag ihr, sie soll auf 150 Grad einstellen.

Wir backen Gewürztaler

Dazu brauchst du:

125 g Zucker, 125 g geriebene Mandeln oder Haselnüsse, ½ ungespritzte Zitrone, 1 Messerspitze Zimt, 1 Messerspitze Nelkenpulver, 1 Eiweiß.

Alle Zutaten kommen auf ein großes Holzbrett. Die halbe Zitrone wäschst du und reibst ihre Schale über die anderen Zutaten. Alles zusammen knetest du dann mit den Händen zu einem Teig. Rolle ihn ziemlich dick aus. Mit runden Förmchen stichst du nun kleine Taler aus. Fette das Backblech ein und setze die Taler nebeneinander darauf. Nun kommen sie für 30 Minuten in die Backröhre. Wenn sie fertig sind, nimmst du sie gleich (nicht mit den Fingern!) vom Blech und läßt sie auf einem Kuchenrost kalt werden.
Und dann laß sie dir schmecken!

Die Geschichte vom kleinen Englein Plotsch

4. Dezember

Plotsch und Schussel, unsere Weihnachtsenglein, betrachteten ratlos Schussels Bücher. Wo gehörten sie hin?

„Kann ich euch helfen?" fragte eine vertraute Stimme. Es war der Heilige Petrus. Er besah sich die Bücher und rief: „Das sind die Bücher des Heiligen Nikolaus! Die müßt ihr ihm sofort bringen! Er braucht sie dringend!"

Unterwegs zum Heiligen Nikolaus wollte Plotsch wissen: „Was steht denn in den Büchern?"

„Darin steht, wie brav oder wie böse jedes Kind war. Braven Kindern bringt er an seinem Namenstag Geschenke ins Haus."

„Und was geschieht mit den bösen Kindern?" fragte Plotsch.

„Ich weiß nicht, ob es richtig böse Kinder gibt", gestand Schussel.

„Da fällt mir etwas ein", sagte Plotsch. „Zwei Schwestern stritten sich dauernd. Man konnte es bis in den Himmel hinauf hören. Wenn sie aufräumen sollten, zankten sie: ‚Das gehört mir nicht, das mußt du aufräumen!' Aber wenn sie spielen wollten, sagten sie: ‚Das gehört mir, damit darfst du nicht spielen!' – Doch kurz vor dem Nikolaustag wurde es auf einmal still im Haus. Da stritten sie nicht mehr. Komisch, daß so etwas immer vor Weihnachten geschieht!"

Schussel überlegte eine Weile. „Glaubst du, daß die Kinder nur der Geschenke wegen artig werden?" fragte er dann.

Vom Himmel hoch, o Englein kommt

2. Kommt ohne Instrumente nit.
Bringt Lauten, Harfen, Geigen mit!

3. Laßt hören euer Stimmen viel
mit Orgel und mit Saitenspiel!

4. Sing Fried' den Menschen weit und breit.
Gott Preis und Ehr' in Ewigkeit!

GOTTSCHLICH

Die Geschichte vom kleinen Englein Plotsch

5. Dezember

Die Englein Plotsch und Schussel gelangten vor die Tür des Heiligen Nikolaus. Gerade wollten sie öffnen. Da mußten sie eilig zur Seite springen. Die Tür flog auf und heraus kam – ein Gebüsch! Aber kein gewöhnliches Gebüsch, o nein! Es war ein Busch ohne Blätter. Statt dessen trug er Bonbons und Plätzchen. Und unten sah Plotsch zwei Beine.

„Hoppla, macht mal Platz!" klang es hinter dem Busch hervor.

Wumms, fiel die Tür hinter ihm zu.

„Das war Bumms. Der knallt immer so mit den Türen", erklärte der Busch. „Wer seid ihr? Ich heiße Hoppla!"

Von Bumms sah man nur den großen Sack, den er trug. Wie er kamen noch einige Englein aus der Tür. Sie trugen die Gabensäcke des Heiligen Nikolaus. Und Hoppla trug seine süßen Rutenbündel.

„Da sind ja meine Bücher, na endlich!" rief eine tiefe Stimme. Plotsch wurde ganz aufgeregt. Er stand vor dem Heiligen Nikolaus.

Nuß-Säcklein

Wer will mir mit seinen Backen
diese dreißig Nüsse knacken?
Beißt nur, daß die Schale kracht,
doch nehmt auch den Kern in acht!
Welcher Kopf hat keine Nase?
Welche Stadt hat keine Straße?
Welcher Laden hat keine Türe?
Welches Netz hat keine Schnüre?
Welcher Flügel hat keine Feder?
Welche Mühle hat keine Räder?
Welcher Mantel hat keinen Kragen?
Welcher Bauer hat keinen Wagen?
Welches Wasser hat keine Quelle?
Welcher Schneider hat keine Elle?
Welcher Hut hat keinen Rand?
Welcher König hat kein Land?
Welche Nadel hat kein Öhr?
Welche Mühle hat kein Wehr?
Welches Pferd hat keinen Huf?
Welcher Hahn hat keinen Ruf?
Welches Pflaster hat keinen Stein?
Welcher Stern hat keinen Schein?
Welches Schiff hat keinen Mast?
Welcher Baum hat keinen Ast?
Welches Faß hat keinen Spund?
Welches Haus hat keinen Grund?
Welcher Mann hat keine Frau?
Welcher Fuchs hat keinen Bau?
Welcher Schimmel hat keinen Stall?
Welche Büchs' gibt keinen Knall?
Welche Glocke gibt keinen Schall?
Welcher Ball tut keinen Fall?
Welche Jungfer trägt kein Geschmeid'?
Welcher Mann hat nie ein Kleid?
So, nun beißt und knackt gescheit!

Lösungen:

Briefkopf
Bettstatt
Rolladen
Straßennetz
Konzertflügel
Mühlespiel
Trauermantel
Vogelbauer
Regenwasser
Aufschneider
Fingerhut
Zaunkönig
Stecknadel
Windmühle
Heupferd
Wasserhahn
Heftpflaster
Ordensstern
Weberschiff
Mastbaum
Salzfaß
Vogelhaus
Hampelmann
Pferd
Schimmelpilz
Nadelbüchse
Käsglocke
Maskenball
Wasserjungfer
Schneemann

Das Englein Silberhaar

„Faule Englein, die nur Schabernack im Kopf haben, können wir im Himmel nicht gebrauchen“, sagte der Petrus mit donnernder Stimme und blickte das kleine Englein streng an. „Heute ist der Heilige Abend, da muß jedes Weihnachtsenglein den Menschen eine Freude machen. Also, marsch auf die Erde mir dir! Mach deine Sache gut, dann lasse ich dich wieder herein – dann will ich auch all den Unsinn vergessen, den du angestellt hast!“

Rums! schlug dem Englein die Tür vor der Nase zu und es stand draußen. Das Englein klimperte erschrocken mit den Flügeln und flog zur Erde hinunter. Da war alles tief verschneit, und wenn es kein Englein gewesen wäre, hätte es in dem dünnen Kleid sicher furchtbar gefroren. Da klang durch die klare Winterluft ein helles Läuten an sein Ohr. Das ist gewiß der Weihnachtsmann, dachte das Englein. Schon kam der Schlitten angesaust.

Zwei weiße Pferde zogen ihn, und darin saß tatsächlich der Weihnachtsmann. „Du hast dich wohl verlaufen?" fragte er, als er das Englein erblickte. Das Englein schämte sich sehr, dennoch sagte es die Wahrheit: „Petrus hat mich aus dem Himmel ausgesperrt. Nur, wenn ich einem Menschen eine Weihnachtsfreude mache, darf ich wieder hinein." Der Weihnachtsmann kniff ein Auge zu und schmunzelte. „Frech gewesen, hm?" fragte er. „Na, steig auf!"

Das Englein war sehr froh, daß es den Weihnachtsmann getroffen hatte. Schnell setzte es sich auf den Schlitten. Dann fuhren die beiden in den nächsten Tannenwald und suchten die schönsten Bäumchen aus, um sie zu schmücken und den Menschen zu bringen. Der Weihnachtsmann holte einen großen Sack von seinem Schlitten und schüttete allerlei bunten Weihnachtsschmuck in den Schnee. Den hängten das Weihnachtsenglein und er dann zwischen die grünen Zweige.

Aber als aller Weihnachtsschmuck verbraucht war, stand noch ein Bäumchen mit leeren Zweigen da. Ratlos kraulte der Weihnachtsmann seinen Bart, und das Englein machte ein bestürztes Gesicht. Dann hatte es eine Idee. Es steckte die goldenen Sterne von seinem Kleidchen zwischen die Zweige und hängte sein silbernes Engelshaar darüber. Das sah schon recht schön aus, aber das Englein war noch nicht zufrieden. Es nahm den

Silberstaub von seinen Flügeln und stäubte ihn über die Zweige. „Das ist das schönste Weihnachtsbäumchen, das ich in meinem langen Leben gesehen habe“, sagte der Weihnachtsmann und streichelte dem Englein über sein zerrupftes Köpfchen. „Jetzt hilf mir, den Schlitten zu beladen, damit wir die Gaben zu den Menschen bringen können.“ Bald war alles im Schlitten verstaut, und die weißen Pferde trabten an. Mit Schellengeläute ging es dahin.

Bald sah das Englein die ersten erleuchteten Fenster durch die Nacht blinken, und — huii — schon kam der Schlitten mitten im Dorf zum Stehen. Aus vielen Fenstern fiel schon der goldene Weihnachtsschimmer, doch es gab auch ein paar Fenster, da merkte man gleich, daß der Schimmer fehlte. Dorthin brachte der Weihnachtsmann die geschmückten Bäumchen. Zum Schluß war nur noch das Bäumchen mit dem Engelshaar übrig. „Das ist dein Bäumchen“, sagte der Weihnachtsmann.

„Du darfst es selbst zu den Menschen bringen.“ Zuerst sah das Englein etwas ratlos aus, doch dann entdeckte es am Ende des Ortes ein Häuschen, wo überhaupt nichts von einem Weihnachtsschimmer zu bemerken war. Dorthin ging es mit seinem Bäumchen. Unbemerkt stellte es dieses ins Zimmer, dann ging es geschwind vors Haus zurück und stellte sich ans Fenster. Wie freuten sich die Kinder, als sie das Bäumchen entdeckten! Das Englein freute sich auch.

„Das hast du gut gemacht!“ lobte der Weihnachtsmann. „Ich glaube, daß der Petrus mit dir zufrieden ist und dich wieder in den Himmel läßt. Viel Glück, kleines Englein! Bestimmt sehen wir uns im Himmel wieder!“ Und während der Weihnachtsmann mit seinem leeren Schlitten dahinfuhr, schwebte das Englein mit glücklichem Herzen zurück in den Himmel. Dort klopfte es an das große Himmelstor. Der Petrus war recht erstaunt, als er das zerrupfte Englein sah.

„Schon wieder Dummheiten gemacht?“ knurrte er. „Wie siehst du denn aus? Wo sind deine Haare und die Sternchen von deinem Kleid? Wo ist der Silberstaub von deinen Flügeln?“ – „Ich habe ein Weihnachtsbäumchen damit geschmückt“, sagte das Englein bescheiden. „Darf ich nun wieder in den Himmel?“ Der Petrus war gerührt. „Komm rein!“ brummte er. Er ließ dem Englein neue Sterne aufnähen und gab ihm Silberstaub für die Flügel – und die Haare wuchsen wieder!

Geschenke basteln und verpacken

KERZENMANSCHETTE

Holzperlen und 2 cm große Filzscheiben werden abwechselnd auf einen Faden gezogen und zu einem Ring geschlossen. Als Manschette über eine Kerze gestreift, sieht das sehr hübsch aus.

DER SCHNEEMANN

eignet sich besonders gut als Verpackung für Kleingebäck.

Aus weißem Karton klebst du eine Rolle. An einem Ende schneidest du Zacken ein und biegst sie nach innen (Zeichnung 1). Du klebst eine passende, runde Pappschachtel darüber – das ist der Boden. An das andere Ende der Pappscheibe klebst du mit durchsichtiger Klebefolie auch einen Deckel in der gleichen Größe wie die Pappscheibe für den Boden. Der Deckel und der obere Rand der Rolle werden schwarz überzogen – ebenso der Hutrand (Zeichnung 2). Aus Buntpapier schneidest du die schwarzen Augen und Knöpfe und die rote Nase. Ein Streifen rotes Seidenpapier dient als Schal.

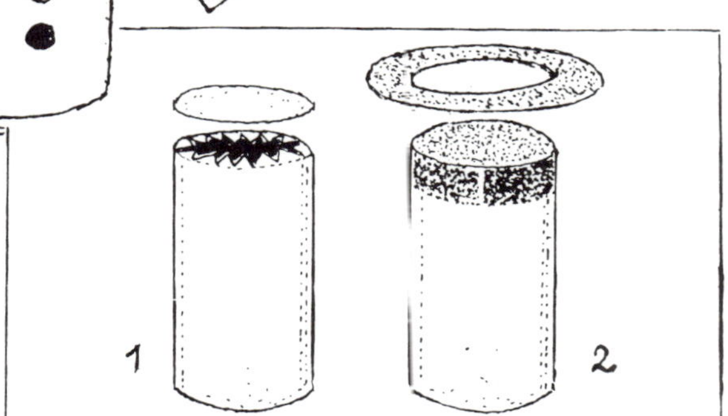

Die Geschichte vom kleinen Englein Plotsch

6. Dezember

Du möchtest sicher wissen, wie es Plotsch und Schussel, unseren Englein, inzwischen ergangen war. Sie hatten gerade alle Hände voll zu tun. Es war Nikolaustag.

„Kommt schnell, wir müssen zu Erde. Die Kinder warten auf mich!" Der Heilige Nikolaus trieb die Englein zur Eile an.

Plotsch und Schussel schlossen sich den anderen Englein an. Es würde schon niemand etwas dagegen haben. Und sie wollten doch auch mit auf die Erde und dem Nikolaus bei der Bescherung helfen!

Sie begannen, die Himmelsleiter hinabzusteigen. Langsam kam die Erde näher. Doch der Heilige Nikolaus war sehr langsam und behäbig. Das begann unsere Englein bald zu langweilen. Sie kamen auf den Einfall, Fangen zu spielen. Runter und rauf ging die wilde Jagd. Doch Plotsch paßte nicht auf. Er verfehlte eine Sprosse und fiel tiefer und tiefer... Zum Glück können Englein fliegen!

Da wurde der Heilige Nikolaus ärgerlich. „Jetzt ist aber Schluß mit der Toberei", brummte er. „Um ein Haar wäre ich auch noch gestürzt. Ich kann mir beim besten Willen nicht vorstellen, was die Kinder zu einem Nikolaus mit einem gebrochenen Bein sagen würden!"

Unten auf der Erde stand alles bereit: Die Gabensäcke und die Ruten. Der Heilige Nikolaus ermahnte Bumms, bei der Bescherung nicht mit den Türen zu knallen. Hoppla sollte die Geschenke ohne sein geliebtes Wort überreichen. Schussel sollte die Bücher halten – aber bitte richtig herum, nicht mit den Buchstaben auf dem Kopf! Plotsch sollte bei allem, was er tat, an seine beiden linken Hände denken.

Dann war es soweit. Überall wurden sie ängstlich von den Kindern erwartet. Doch überall herrschte bald eine riesengroße Freude. Und vor Freude bemerkten die meisten Kinder gar nicht, wenn der Heilige Nikolaus mit seinen Helfern wieder fortging.

Ob ihr es glaubt, oder nicht: Keiner der Engel machte dabei einen Fehler. Alles lief ab, als hätten sie es vorher schon hundertmal geübt.

„Das geht eben nur, wenn man sich ganz toll anstrengt", stellte Schussel altklug fest.

Am späten Abend trafen sie alle müde aber überglücklich wieder im Weihnachtshimmel ein. Plotsch und Schussel redeten und redeten. Sie hatten heute soviel Schönes erlebt. Das mußten sie einfach immer und immer wieder besprechen.

Plotsch freute sich. Er hatte zwei linke Hände, das war nicht zu leugnen. Aber er hatte sich heute richtig nütz ich gemacht. Er hatte dem Heiligen Nikolaus geholfen und in viele, viele strahlende Kinderaugen gesehen. Plotsch war überglücklich.

Kling, Glöckchen, klingelingeling

2. …Mädchen, hört, und Bübchen,
macht mir auf das Stübchen,
bring' euch milde Gaben,
sollt euch dran erlaben.
Kling, Glöckchen…

GOTTSCHLICH

Die Geschichte vom kleinen Englein Plotsch

7. Dezember

Im Weihnachtshimmel war es späte Nacht. Aber Plotsch und Schussel dachten nicht ans Schlafen.

Kennt ihr das auch? Wenn man viel erlebt hat, dann kann man nicht einschlafen, auch wenn man noch so müde ist. Genauso erging es Plotsch und Schussel. Sie saßen im Bett und erzählten.

„Mir hat der kleine Peter am besten gefallen", berichtete Plotsch, „weil er sich so über sein Holzpferd gefreut hat."

„Das ist auch kein Wunder", erklärte Schussel. „Das Holzpferd hat er sich schon im letzten Jahr gewünscht. Vor Weihnachten kamen dann viele Pakete an. Das machte ihn furchtbar neugierig. Einmal war seine Mutter nicht zu Hause. Da hat er an einem Paket nur so ein bißchen mit dem Finger gebohrt. Und dabei hat er das Holzpferd entdeckt. Natürlich hat seine Mutter das Loch bemerkt. Sie schickte das Holzpferd kurzentschlossen in den Weihnachtshimmel zurück. An Weihnachten war Peter sehr traurig, weil er das Pferdchen nicht bekam. Aber er hat seitdem versucht, nicht mehr so neugierig zu sein. Deshalb hat es ihm nun der Nikolaus gebracht. – Magst du einen Keks, Plotsch?"

„Danke, ich habe selbst welche", sagte Plotsch.

„Autsch!" schrie Schussel plötzlich. „Ich habe mich auf meine Kekse gesetzt. Iiii, das pikst so scheußlich!"

Die Geschichte vom kleinen Englein Plotsch

8. Dezember

Plotsch wußte immer noch nicht, wozu sich seine beiden linken Hände eigneten. Darum durfte er sich ein wenig im Weihnachtshimmel umsehen. Er beschloß zunächst in die Backstube zu gehen. Von daher roch es so verführerisch!

In der Backstube war es heiß. Alle Engelchen liefen mit roten Gesichtern umher. Sie rührten Teig, formten Plätzchen und holten Bleche mit fertigen Plätzchen aus dem Backofen. Tatendurstig griff Plotsch mit zu. Aber als erstes fiel ihm gleich ein Ei auf den Boden. Da rief jemand: „Ich brauche einen neuen Mehlsack!"

Plotsch sauste los, um ihn zu holen. Doch auf dem Rückweg trat er genau auf das Ei. Er rutschte aus und fiel hin. Dabei platzte der Mehlsack auf. Das Mehl hüllte den ganzen Raum in eine weiße Wolke. Ringsum mußten alle Englein niesen. Plotsch nieste am meisten, denn ihm war das meiste Mehl in die Nase geraten.

Als er ausgeniest hatte, mußte er gleich laut lachen: „Hahaha, wie seht ihr denn aus?" kicherte er. Er deutete auf die anderen Englein. „Ihr seid ja alle schneeweiß!" Doch das Lachen verging ihm schnell, denn nun mußte er die Backstube wieder sauberputzen.

O Tannenbaum

2. O Tannenbaum, o Tannenbaum,
du kannst mir sehr gefallen!
Wie oft hat nicht zur Weihnachtszeit
ein Baum von dir mich hoch erfreut!
O Tannenbaum, o Tannenbaum,
du kannst mir sehr gefallen!

3. O Tannenbaum, o Tannenbaum,
dein Kleid will mich was lehren:
Die Hoffnung und Beständigkeit
gibt Trost und Kraft zu jeder Zeit,
o Tannenbaum, o Tannenbaum,
dein Kleid will mich was lehren.

GOTTSCHLEICH

Die Geschichte vom kleinen Englein Plotsch

9. Dezember

Plotsch, unser Weihnachtsengelchen, mußte die Weihnachtsbackstube putzen. Als er damit fertig war, wollte er es besser machen. Er füllte Schokoladenmasse in Förmchen. Das sollten Schokoladenplätzchen werden. Nur waren die Förmchen für seine zwei linken Hände etwas klein. Wenn er die Schokoladenmasse einfüllte, lief immer etwas daneben. Plotsch wischte es einfach mit den Fingern fort. Die Finger putzte er sich dann an seinem Kittel sauber. Er war recht zufrieden mit sich – bis eine Stimme rief: „Seht mal her! Wir haben ja einen Schokoladenengel hier!"

Tatsächlich, er war rundum schokoladenbraun. Beschämt holte sich Plotsch schnell einen neuen Kittel. Jetzt wollte er zeigen, daß er es auch anders konnte. Wenn nun etwas danebenlief, dann schleckte er es einfach ab. So blieb wenigstens sein Kittel weiß.

Wumms! fiel da die Türe zu. Vor Schreck ließ Plotsch den Schokoladentopf fallen. Die Schokolade lief ihm über den Bauch. Aber seltsam, er merkte es kaum. Ihm war auf einmal furchtbar übel. Die Schleckerei war ihm gar nicht bekommen.

Plotsch setzte sich – ausgerechnet auf ein Brett mit fertigen Plätzchen.

Natürlich war es Bumms gewesen, der so mit der Tür geknallt hatte. Bumms sah gleich, was mit Plotsch los war. Er nahm seine Hand.

„Du gehörst ins Bett!" sagte er. „Komm, ich bringe dich hin." Er führte den käseweißen Plotsch aus der Backstube. Beim Hinausgehen machte es klick, klick, klick. Das waren die Plätzchen, die an Plotsch klebten. Sie fielen jetzt nacheinander ab.

Weihnachtsbastelei

Willst du diesen lustigen Weihnachtsmann basteln?

Dann brauchst du:
2 rote Filzdreiecke, bei denen jede Seite 8,5 cm lang ist,
einen roten und 2 schwarze Papierpunkte (die kann man mit einem Locher machen!)
1 Blatt weißes Papier,
schwarzes Papier für den Schnurrbart
Klebstoff, Faden

Klebe die zwei Filzdreiecke aufeinander. Teil 2 paust du auf weißes Papier durch und schneidest es aus. In den unteren Halbkreis schneidest du Fransen für den Bart. Diesen Bart klebst du mitten in das Dreieck. Mit den Papierpunkten klebst du Augen und Nase. Den Schnurrbart paust du auf schwarzes Papier, schneidest ihn aus und klebst ihn in das Gesicht. Durch die Spitze des Hutes kommt nun der Faden. Jetzt kannst du den Weihnachtsmann an den Christbaum hängen.

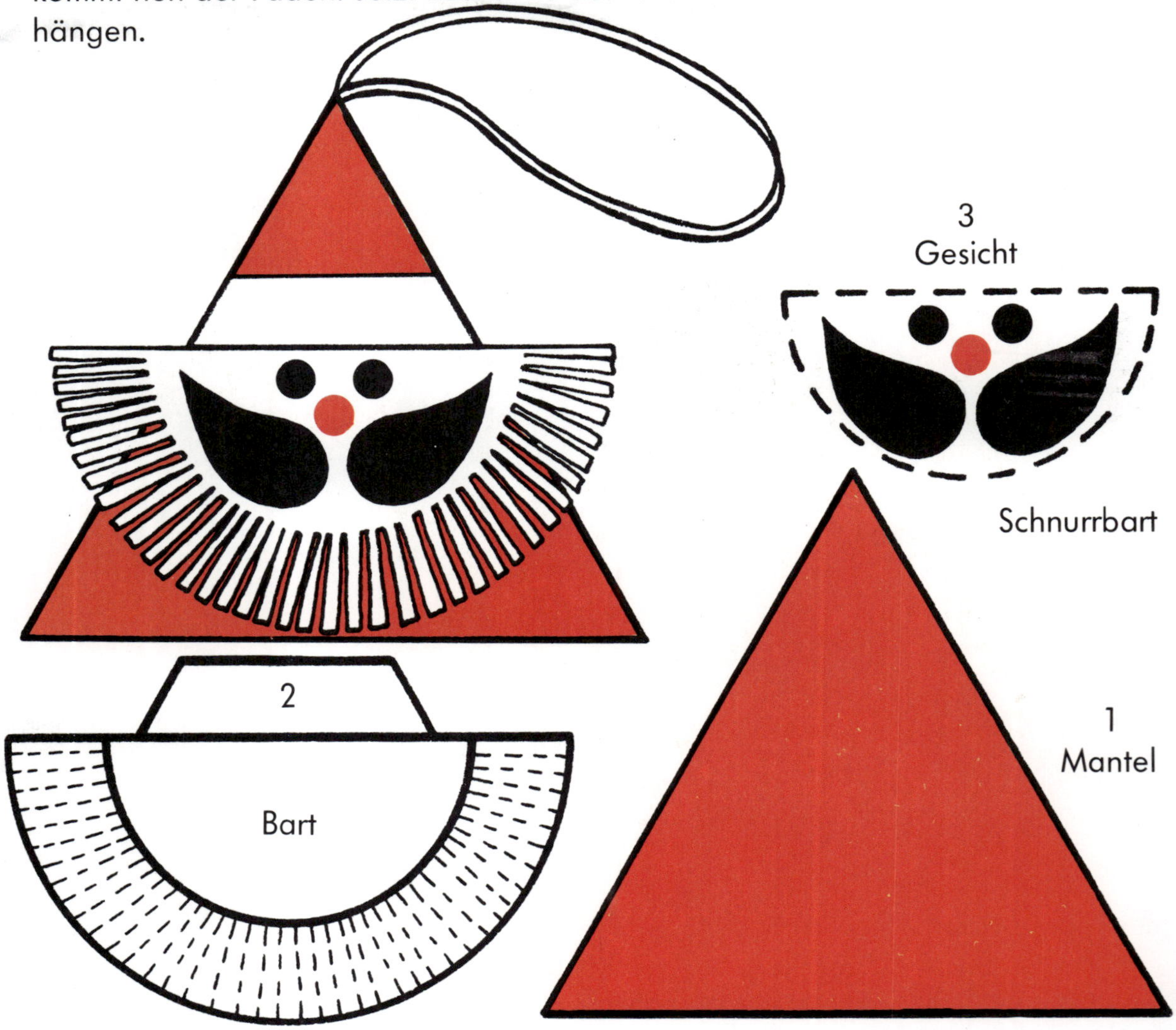

Die Geschichte vom kleinen Englein Plotsch

10. Dezember

Plotsch, unserem Weihnachtsengel, ging es wieder besser. Er hatte sich in der Weihnachtsbackstube den Magen verdorben. Erinnerst du dich? – Jetzt schämte er sich. Alle Engel hatten über ihn gelacht! Nun hatte er Angst davor, wieder zu ihnen zu gehen. Wenn sie wieder lachen, laufe ich fort, nahm er sich vor.

Doch als er in die Nähe der Backstube kam, hörte er dort seinen Freund Bumms. Er erzählte den anderen Englein gerade eine Geschichte: „Es gab einmal einen Riesen. Der hieß Immerernst. Den Namen hatte er, weil er nie lachte. Und es gab einen Zwerg Immerlach. Der hieß so, weil er immer lachte. Die beiden mochten sich gar nicht.

Eines Tages sah Immerernst, wie der Zwerg Immerlach einen schweren Wagen den Berg hinaufzog. Dabei pfiff er vergnügt vor sich hin. Doch als er endlich oben war, paßte er nicht auf. Er ließ den Wagen zu früh los, und der sauste den Hang wieder hinunter. Da wurde der Zwerg zornig. Noch zorniger wurde er, als er Immerernst bemerkte. Der Riese sah ihm zu – und lachte! Zwerg Immerlach wurde so böse wie noch nie in seinem Leben. Er hatte nämlich einen Fehler: Er konnte nur über andere lachen, aber nie über sich selbst."

Plotsch war froh. Er war sicher, daß Bumms die Geschichte nur seinetwegen erzählt hatte.

Am Weihnachtsbaum die Lichter brennen

2. Zwei Engel sind hereingetreten,
kein Auge hat sie kommen sehn,
sie gehn zum Weihnachtstisch und beten,
und wenden wieder sich zu gehn.

GOTTSCHLICH

Die Geschichte vom kleinen Englein Plotsch

11. Dezember

Als Plotsch wieder zu den anderen Englein kam, lachte keines. Sie hatten sich die Geschichte, die Bumms erzählt hatte, zu Herzen genommen.
Da kam Hoppla hereingestürmt. „Hoppla!" rief er. „Ich habe gerade einige Wunschzettel gelesen. Was manche Kinder für Wünsche haben! Stellt euch vor, da wünscht sich ein Junge den letzten Schaufelraddampfer vom Mississippi! Wo sollen wir den bloß herkriegen?" – „Da weiß ich auch etwas", fiel Plotsch gleich ein. Und mit leuchtenden Augen erzählte er: „Ich habe euch einmal vom Sternenhimmel aus beobachtet. Da hat euch der kleine Thomas beschäftigt. Der arme Junge war viel allein. Seine Eltern besaßen einen Laden und hatten wenig Zeit für ihn. Er schrieb deshalb auf seinen Wunschzettel: ‚Ich wünsche mir Liebe!' und nichts weiter. Das gab viel Aufregung im Weihnachtshimmel. Es müssen viele Köpfe geraucht haben vor Nachdenken. Aber am Heiligen Abend sah ich, daß euch etwas eingefallen war.

In der Weihnachtsstube lief Thomas ein kleiner Hund entgegen. Darüber hat er sich riesig gefreut. Und er nannte seinen Spielkameraden tatsächlich ‚Liebe'. Wenn er dann mit ihm spazierenging und ‚Liebe, Liebe!' rief, da drehten sich alle Leute verwundert nach ihm um. Aber wenn sie weitergingen, waren sie etwas fröhlicher als vorher."
„Ach ja, ich erinnere mich an die Geschichte", besann sich Bumms. „Herrje, war das eine Aufregung!" Plötzlich machte er die Augen weit auf. „Aber Schussel, wo kommst du denn her?" fragte er.
Da stand Schussel. Er war über und über voll mit Holzwolle. Verlegen erklärte er: „Ich war so müde. Und da ließ ich mich einfach ins Bett fallen. Aber es war nicht mein Bett. Es war auch nicht mein Schlafzimmer, sondern der Raum, in dem die Geschenke verpackt werden. Ich muß die Tür verwechselt haben. Entschuldigt, ich muß mich saubermachen." Und weg war er wieder.

Weihnachtsbäckerei

Wie wäre es mit Kokosmakronen? Alle Kinder mögen sie gern. Sie sind ganz leicht zu backen.
Hier ist das Rezept:

Kokosmakronen
Als Zutaten brauchst du:
4 Eiweiß, 200 g feinen Zucker, 200 g Kokosflocken,
½ abgeriebene Zitronenschale
Backtemperatur: 150 Grad (vorheizen!)

Schlage das Eiweiß mit dem Mixer zu steifem Schnee.
Er muß so fest sein, daß er seine Form behält, wenn man die Schüssel kippt. Nun rührst du nach und nach erst den Zucker, dann die Kokosflocken und schließlich die geriebene Zitronenschale darunter. Nimm einen Teelöffel und setze damit kleine Häufchen von der Masse auf das gefettete Backblech. Sie werden 20 Minuten lang gebacken. Dann sind deine Makronen fertig.

Die Geschichte vom kleinen Englein Plotsch

12. Dezember

Im Weihnachtshimmel fühlte sich Plotsch inzwischen wieder wohl. Schließlich macht jeder einmal einen Fehler. Dann ist es das beste, man lacht darüber – auch wenn es schwerfällt, über sich selbst zu lachen. Außerdem machte ihm Bumms gerade einen prima Vorschlag: „Komm doch mit, Plotsch!" sagte er. „Vielleicht versuchst du es einmal in unserem Orchester." Und ganz stolz fügte er hinzu: „Ich darf dort die Pauke schlagen."

Das war interessant. Plotsch ging mit Bumms ins Musikzimmer. Dort bekam er einen dreieckigen Metallstab in die Hand. „Was soll ich damit?" fragte Plotsch verwundert.

„Das ist ein Triangel", erklärte Bumms. „Hier hast du einen Stab. Und wenn ich sage ‚jetzt!' dann schlägst du damit auf den Triangel. Hast du verstanden?" Plotsch nickte.

Rings um sie saßen Englein und übten auf den verschiedensten Instrumenten. Plötzlich trat Stille ein. Ein Engel mit einem Stab in der Hand stand vor ihnen. „Das ist der Dirigent!" flüsterte Bumms. „Das in seiner Hand ist der Taktstock."

Aus dem Hintergrund ertönte eine geheimnisvolle Stimme: „Achtung, Aufnahme!"

Der Dirigent hob den Taktstock und begann gleich, wild damit in der Luft herumzufuchteln. Und gleichzeitig begannen alle Englein rings um Plotsch zu musizieren. Plotsch kam ins Schwitzen. Wann sollte er auf den Triangel schlagen? Der Dirigent half ihm auch nicht weiter.

So schlug er einfach jedesmal auf den Triangel, wenn Bumms auf die Pauke geschlagen hatte. Das war ganz schön anstrengend. Endlich verstummte das Orchester. Plotsch legte erleichtert sein Instrument zur Seite.

Da wurde das Lied, das sie eben gespielt hatten, nochmals vom Tonband abgespielt. „Bravo!" lobte der Dirigent. „Der Triangel klingt gut mit der Pauke zusammen!"
Plotsch wurde ganz rot vor Freude.

O du fröhliche

2. O du fröhliche, o du selige,
gnadenbringende Weihnachtszeit!
Christ ist erschienen,
uns zu versühnen:
Freue, freue dich, o Christenheit!

3. O du fröhliche, o du selige,
gnadenbringende Weihnachtszeit!
Himmlische Heere
jauchzen dir Ehre:
Freue, freue dich, o Christenheit!

GOTTSCHLICH

Die Geschichte vom kleinen Englein Plotsch

13. Dezember

Die Musiker-Englein machten Pause. Plotsch sagte zu Bumms: „Soll ich dir zeigen, wie ich den Triangel gespielt habe? Schau her, so..." Weiter kam er nicht. Denn Hoppla stürmte herbei und kam ins Stolpern. „Hoppla!" rief er gerade noch und hielt sich an Plotsch fest. Er fiel nicht hin, aber Plotsch fiel – in die Pauke. Das Paukenfell platzte!

Bumms begann auf der Stelle zu lachen. Er konnte sich gar nicht mehr beruhigen. Das steckte Plotsch und Hoppla an und so lachten alle. Doch als Plotsch aus der Pauke kletterte, wurden sie kleinlaut. Nun sahen sie erst, was sie angerichtet hatten. Beschämt zeigten sie es dem Dirigenten. Der wurde sehr ärgerlich. „Könnt ihr nicht aufpassen?" schimpfte er. „Eine Pauke ist doch kein Spielzeug! Bringt sie in die Reparaturwerkstatt! Und dann macht euren Unfug anderswo! Hier will ich euch nicht mehr sehen!"

Verdattert schlichen die drei Engelchen davon. Das hatten sie von ihrem Übermut! Aber schließlich war es doch keine Absicht gewesen! Schade, daß sie nun nicht mehr mitmusizieren durften!

Ihren Ärger mußte die Pauke ausbaden. Sie wurde recht unsanft von ihnen über den Flur befördert.

Die Geschichte vom kleinen Englein Plotsch

14. Dezember

„Alles bloß wegen dieser blöden Pauke!" schimpfte Hoppla. Er schubste die Pauke mit dem Fuß gegen die Wand.

Bumms blieb mit einem Mal stehen. „Wir sind ganz schön dumm", sagte er. „Wegen einer Pauke ärgern wir uns! Hört mal zu, ich erzähle euch eine Geschichte:

Es war einmal ein Zwerg, der hieß Gift. Er hatte einen Nachbarn mit Namen Galle. Es gab immer Streit, wenn die beiden sich sahen. ‚Du stiehlst mir meine Wintervorräte!' verdächtigte jeder den anderen. So kam der Winter. Die Zwerge suchten nach den unglaublichsten Verstecken für ihre Vorräte. Und jeder belauerte den anderen, damit der nicht an seine Schätze gehe. Bald wagten sie sich selbst nicht mehr an die eigenen Vorräte. Es hätte ja sein können, daß der andere es gesehen hätte. Gift und Galle wurden ganz mager.

Endlich kam der Frühling und mit ihm die Schneeschmelze. Der Bach neben ihren Häuschen trat über die Ufer und riß alles mit sich. Gift und Galle konnten sich gerade noch auf einen Ast retten. Das war peinlich. Zuerst taten sie so, als würden sie sich nicht bemerken. Doch es war kalt. Und darum blickten sie sich schließlich verstohlen um, ob sie auch keiner sah. Und dann rückten sie zusammen. So war es viel wärmer. Und aus Langeweile erzählten sie sich, wo sie ihre Vorräte versteckt hatten. Die hatte das Wasser ja ohnehin mitgenommen. So halfen sich Gift und Galle über die Zeit. Und als das Wasser zurückging, waren sie Freunde. Natürlich zankten sie sich noch ab und zu, dafür hießen sie schließlich Gift und Galle."

Weihnachtsbäckerei

Hast du die ersten Plätzchenrezepte ausprobiert? Ja? Dann bist du nun schon ein geübter Plätzchenbäcker. Versuch's doch einmal mit

Zimtplätzchen
Dazu brauchst du:
300 g Mehl, 175 g Butter, 80 g Zucker,
½ Teelöffel Zimt, 2 Eier, 1 Eigelb, 2 Eßlöffel Butter
Backtemperatur: 180 Grad (vorheizen!)

Gib alle Zutaten auf ein Brett und bereite daraus mit den Händen einen Teig. Anschließend stellst du den Teig eine halbe Stunde lang kalt. Danach rollst du ihn dünn aus. Nun brauchst du Förmchen. Du stichst damit Plätzchen aus und legst sie auf ein gefettetes Blech. Jetzt gibst du die Butter in ein Pfännchen und zerläßt sie. Mit einem Pinsel bestreichst du damit die Plätzchen und schiebst sie dann in den Backofen. Nach ungefähr 10 Minuten sind sie fertig. Hoffentlich schmecken sie dir!

Weihnachten in den Bergen

Wo verbringst du Weihnachten? Wahrscheinlich sagst du jetzt: „Bei uns zu Hause." Kannst du dir vorstellen, an Weihnachten fortzufahren und das Fest anderswo zu feiern? Gerd, Gabi und Stefan erleben es in diesem Jahr. Auf den nächsten Seiten erfährst du, was sie vorhaben!

Es ist der 4. Advent. In der großen Stadt ist es ruhig. Die Menschen bleiben zu Hause, denn es regnet. Wer möchte schon bei diesem Wetter aus dem Haus gehen? Die Straßen sind weihnachtlich geschmückt. Vor vielen Häusern stehen Christbäume. Aber so richtig weihnachtlich zumute ist kaum jemandem. Bei dem Wetter!

In einem Fenster sehe ich ein wenig Leben. Da blicken drei Kinder hinaus in den Regen. Es sind Gerd, Gabi und Stefan. Sie langweilen sich. Wie soll man auch fröhlich sein, wenn ringsumher alles so grau und traurig ist? Sie drücken ihre Nasen an der Fensterscheibe platt und blicken den wenigen Autos hinterher. Die Autos ziehen alle einen dichten Sprühregen nach sich.

Gerd, Gabi und Stefan sind Geschwister. Jetzt kommt ihre Mutter in den Raum. „Fällt euch denn gar kein Spiel ein?" fragt sie mitleidig. „Habt ihr denn eure Wunschzettel schon geschrieben?"

„Ach, Mama. Man kann ja gar nicht an Weihnachten denken", seufzt Gabi. „An Weihnachten muß es doch schneien und kalt sein. Aber so!"

„Ja, es ist schade", gesteht die Mutter. „Aber das ist nun einmal nicht zu ändern. Ich kann keinen Schnee herbeizaubern. Doch jetzt kommt! Ich habe Kakao gekocht. Dazu essen wir Plätzchen und zünden die Adventskerzen an. Vielleicht kommt dann ein wenig Adventsstimmung auf."

Na gut. Das ist wenigstens eine Abwechslung. Die drei Kinder sausen zum Tisch. Auch der Vater kommt aus seinem Hobbyraum.

Die Mutter schenkt den Kakao ein. Die Kerzen brennen, und die frischgebackenen Plätzchen duften. Es wird schon gemütlicher.

Dennoch spricht Gerd auch seinen Vater auf das traurige Wetter an. Vielleicht weiß der, wie man Schnee macht. „Papa, gibt es keine Erfindung, mit der man das Wetter ändern kann?" fragt er.

Der Vater schüttelt den Kopf. „Zum Glück nicht", antwortet er.

„Stellt euch vor, jeder könnte das Wetter verändern! Was das für ein Durcheinander gäbe! Will der eine Sonne, muß ein anderer unbedingt Regen haben. Und unterdessen macht ein dritter Sturm. Das ist nicht auszudenken! Da habe ich lieber verregnete Weihnachten."

Es wird schon lustiger am Tisch. Und Papa weiß noch ein paar komische Wetterverwirrungen. Die Kinder spielen das Spiel weiter. Sie lassen den Sturm durch ihre Kakaotassen blasen und nehmen Sonnenbäder im Schein der Adventskerzen.

Tatsächlich, sie haben das traurig-trübe Wetter vergessen.

Da fängt der Vater wieder davon an. „Ihr wolltet gerne an Weihnachten im Schnee sein, nicht wahr?" forscht er.

„Natürlich", seufzen die Kinder. „Aber der Wetterbericht sagt, es regnet weiter!" Das weiß Stefan zu berichten.

Papa setzt ein wichtiges Gesicht auf. „Sollen wir über Weihnachten dorthin fahren, wo Schnee liegt?" fragt er dann.

„Wo liegt denn Schnee?" fragt Stefan.

„Hm, am Pichlerhof zum Beispiel", sagt der Vater mit einem hintergründigen Grinsen.

Das schlägt wie eine Bombe ein. „Fahren wir in die Berge?", „Heißt das, wir feiern Weihnachten mit den Pichlerkindern?", „Wann fahren wir?", „Darf ich meine Skier mitnehmen?" Hundert Fragen prasseln auf den Vater nieder. Er hält sich die Ohren zu. Als die Flut von Fragen nachläßt, sagt er erleichtert: „Na endlich! Also: Gestern morgen kam ein Brief vom Pichlerhof. Darin steht, daß sich die Pichlerkinder schon riesig auf euch freuen. Und ihr sollt ja eure Skier nicht vergessen. Denn es liegt eine Menge Schnee. Morgen früh fahren wir los." Ist das eine Freude. Sofort werden alle Koffer hervorgeholt und gepackt. Und am nächsten Morgen steigen alle ins Auto.

Die Fahrt geht lange durch die verregnete Landschaft. Irgendwann sagt Gerd: „Da war eine Schneeflocke an der Windschutzscheibe!" Stefan ruft: „Ich sehe auch eine – und noch eine – viele Schneeflocken! Es schneit!" – Sie fahren in eine Winterlandschaft hinein.

Gerade wollten die Kinder müde werden von der langen Fahrt. Doch der Schnee hat sie mit einem Schlag wieder wach gemacht.
„Ich will eine Schneeballschlacht machen!" ruft Stefan.
„Das ist kein schlechter Gedanke", sagt der Vater. „Es ist ohnehin Zeit für eine Pause." Er hält am nächsten Parkplatz an. Die Kinder drängeln aus dem Auto. Und im Nu fliegen ihnen die Schneebälle nur so um die Ohren. Vor ihnen ist schon eine Familie auf denselben Einfall gekommen. Natürlich mischen sich unsere Kinder sofort ins Getümmel. Es ist ein herrliches Gefühl, endlich richtigen Schnee in der Hand zu haben. Bald fährt die fremde Familie weiter.
Unterdessen hat die Mutter etwas zu essen ausgepackt. Es gibt Wurstbrote und Tee aus der Thermoskanne. Als sie schließlich weiterfahren, haben die Kinder schon rote Backen.
Es wird früh dunkel um diese Zeit. Der Vater muß die Scheinwerfer einschalten. Nun sind es nur noch wenige Kilometer.
Endlich gelangen sie in das kleine Bergdorf. Sie erkennen es kaum wieder, obwohl sie schon im letzten Sommer hier waren. Aber so verschneit sieht alles ganz anders aus.
Die Pichlers haben die Familie aus der Stadt schon erwartet. Nun stehen sie alle vor der Haustür, um sie zu empfangen. Sie haben ebenfalls drei Kinder. Zwei Mädchen und einen Jungen. Sie sind ungefähr im gleichen Alter wie Gabi, Gerd und Stefan.
„Da seid ihr ja endlich!" sagt der Pichlervater. „Wie war die Fahrt?"
„Es hat geschneit, und wir haben eine Schneeballschlacht gemacht!" berichtet Stefan mit wichtiger Miene.

Dann schütteln sie einander erst einmal die Hände.
„Am besten bringen wir gleich unser Gepäck auf die Zimmer", schlägt die Mutter vor.
Die Pichlers helfen ihnen beim Koffertragen. Gabi, Gerd und Stefan bewohnen ein Zimmer gemeinsam.

Im Zimmer werden die Koffer ausgepackt. Gabi und Gerd räumen ihre Sachen in die Schränke.
Nur Stefan hat keine Zeit zum Auspacken. Er hat die Katze der Pichlers gefunden und nimmt sie gleich mit aufs Zimmer.

„He, Stefan, pack deine Sachen aus!" mahnt Gerd seinen Bruder aus dem Hintergrund.
„Ich hab' keine Zeit", kommt es zurück.
„Von wegen keine Zeit!" schimpft Gerd. „Laß endlich die Katze laufen und arbeite etwas! Wir sollen schließlich gleich zum Abendessen kommen!" –
„Ich muß mich aber um die Katze kümmern. Sie ist mir zugelaufen. Sie braucht mich. Und du bist nur neidisch, weil sie mich lieber hat als dich", antwortet Stefan trotzig.
„Mama hat eben gerufen", unterbricht Gabi die beiden. „Wir sollen hinunterkommen. Hört endlich auf zu streiten! Die Schränke räumen wir eben nachher fertig ein."
Da läßt Stefan auf der Stelle die Katze los und saust nach unten.
„Wenn es ums Essen geht, interessiert ihn keine Katze mehr!" brummt Gerd hinter ihm her.
Die Kinder betreten die gemütliche Bauernstube. Der Tisch ist schon gedeckt. Das Essen schmeckt herrlich. Gerd, Gabi und Stefan essen, bis sie nicht mehr können. Dann wird es schon Zeit, schlafen zu gehen. Alle sind müde von der langen Reise. Die Kinder verschwinden der Reihe nach im Bad. Dann kriechen sie in ihre warmen Betten.
„Schlaft schön, damit ihr morgen ausgeruht seid!" sagt die Mutter. „Und macht keinen Unsinn mehr!"
Doch kaum ist die Tür hinter ihr zu, da fliegen schon die ersten Kissen durch das Zimmer. Mitten in der schönsten Kissenschlacht schlüpft Stefan hinaus. Als er zurückkommt, hat er wieder die Katze unter dem Arm. Er nimmt sie mit ins Bett.

„Jetzt reicht es aber!" greift sein großer Bruder ein. Er springt aus dem Bett und scheucht die Katze unter der Bettdecke vor.
Die Katze flüchtet erschrocken unter den Schrank.
„Man nimmt keine Tiere mit ins Bett!" schimpft Gerd. Damit hat er sicher recht. Aber Stefan ist schon wieder beleidigt.
„Ich will die Katze haben!" heult er.
Unterdessen versucht Gabi, das verängstigte Tier unter dem Schrank hervorzulocken. „Mieze, komm!" lockt sie. Doch die Katze rührt sich nicht von der Stelle. Gerd und Stefan versuchen es ebenfalls. „Mieze, Mieze!" rufen sie. Aber die Katze faucht sie nur an. Da nimmt Gerd einen Skistock. Damit schubst er sie vorsichtig hervor. Er will ihr ja nicht wehtun. „Macht die Tür auf!" ruft er. Und da saust die Katze auch schon auf den Flur hinaus. Weg ist sie.
Jetzt sind die Kinder wirklich müde. Und sie schlafen gleich ein. Stefan träumt von einer Katze, die Ski läuft.
Am nächsten Morgen sagt der Vater beim Frühstück: „Ich habe gehört, hier kann man Pferdeschlitten mieten. Wollt ihr mit dem Pferdeschlitten fahren?" – „Ja!" schreien die Kinder. „Und ich darf die Zügel halten!" schreit Stefan am allerlautesten.
Wenig später fährt der Schlitten vor dem Haus vor. Das Pferd schnaubt und bläst weiße Atemwolken in die kalte Winterluft. Als Stefan das große Pferd sieht, sinkt sein Mut. Er möchte lieber doch nicht die Zügel halten. Er zwängt sich mit den anderen in den Wagen und freut sich an der schönen Fahrt. Natürlich sind die Pichlerkinder mitgekommen. Sie haben dabei genausoviel Spaß wie die Stadtkinder.

Rund um das ganze Bergdorf geht die lustige Schlittenfahrt. Die Kinder johlen vor Vergnügen. Man kann es weithin hören.
Nach einer Stunde erscheinen sie mit leuchtenden Augen zum Mittagessen. Jetzt haben sie viel zu erzählen. Da bleibt kaum Zeit zum Essen zwischendurch.
„Wer geht nachher mit mir zum Skilaufen?" fragt der Vater.
Schon wieder antwortet ihm ein vielstimmiges Johlen. So bleibt heute das meiste Essen stehen. Denn schon sind die Kinder draußen, um ihre Skistiefel anzuziehen. „Wo sind meine Handschuhe?" ruft Gabi. Auch Stefan jammert: „Ich bekomme die Schnallen am Skistiefel nicht zu! Gerd, hilf mir mal, bitte!" Gerd hat selbst Schwierigkeiten. Der Reißverschluß an seiner Lifthose klemmt.
Aber endlich sind alle soweit. Die Pichlerkinder kommen wieder mit. Sie ziehen alle mit dem Vater los. Stefan läuft voraus. „Da vorn geht es zum Skilift!" ruft er.
Im Haus atmet unterdessen die Mutter auf. Nun kann sie in aller Ruhe die Vorbereitungen für den Abend treffen. In ihrem Eifer ist den Kindern noch gar nicht eingefallen, daß heute Heiliger Abend ist.
Die Mutter trägt viele bunte Päckchen in die Stube. Und die Pichlermutter tut dasselbe. Die Bauernstube verwandelt sich nach und nach in eine Weihnachtsstube.
Das Christkind kann kommen...
Am Skilift ist zur Zeit allerhand los. Gerd und Gabi können sehr gut Ski laufen. Aber Stefan muß es erst lernen. Der Vater hat ihn deshalb bei der Skischule angemeldet.
Stefan findet, daß er schon sehr gut Ski laufen kann. Er stellt sich auf einen Hügel und fährt los. Doch seine Skier rutschen aufeinander zu, überkreuzen sich – und Stefan fällt in den Schnee.

Verdutzt blickt er sich um. „Warum fahren die Dinger nicht dahin, wo ich hin will?" mault er. Dann steht er mühsam wieder auf.
„Reg dich nicht auf!" beruhigt ihn Gerd. „So ist es uns auch gegangen. Du wirst es schon bald lernen!"

Es wird schon dunkel, als die Kinder vom Skilaufen nach Hause kommen. Sie stellen ihre Skier an die Hauswand und stürmen ins Haus.
„Ich muß Mama erzählen, was ich heute gelernt habe!" ruft Stefan. Er will die Tür zu Stube öffnen, doch es geht nicht. Die Tür ist abgesperrt.
„Was ist denn jetzt los?" fragt er verblüfft.
Nun dämmert es den Kindern. „Heute ist ja Weihnachtsabend!" sagt Gabi. „Daran haben wir noch gar nicht gedacht."
„Dann ist da bestimmt das Christkind drin", folgert Stefan. Er kneift ein Auge zu und versucht, durch das Schlüsselloch zu blicken.
„Wer ist denn hier so neugierig?" fragt da die Mutter. Sie kommt soeben die Treppe herunter. „Wie war es beim Skilaufen?"
Jetzt fällt Stefan wieder ein, was er ihr erzählen wollte. Doch nun hat er keine Zeit mehr dazu. Er will unbedingt in die Stube gehen und nachsehen, ob das Christkind schon da war.
Aber die Mutter dämpft seine Neugier. „Ihr geht jetzt zunächst auf euer Zimmer und zieht die nassen Skianzüge aus! Dann können wir ja probieren, ob die Tür aufgeht."

So schnell sie können, rennen die Kinder die Treppe hinauf. Oben stellt jedes von ihnen einen Rekord im Umziehen auf. Und dann poltern sie alle zusammen wieder herunter.
Vor der Tür zur Stube treffen sie die Pichlerkinder. Ihnen ist es ebenso ergangen. Auch sie mußten sich erst umziehen. Und dabei sind sie doch alle soooo gespannt, was das Christkind ihnen gebracht hat.
Die Tür zur Stube ist noch immer versperrt. Die Kinder müssen sich noch eine Weile gedulden.
„Das Christkind braucht aber lange", beklagt sich Stefan. Aufgeregt tippelt er von einem Fuß auf den anderen.
„Vielleicht wird es deshalb nicht fertig, weil es so viele Geschenke bringen muß", vermuten die Pichlerkinder.

„Das kann schon sein", sagt Stefan. „Ich habe ihm nämlich einen ganz langen Wunschzettel geschickt."
Da klingelt in der Stube ein Glöckchen. Die Tür öffnet sich. Mit klopfenden Herzen treten die Kinder ein.

Das erste, was sie sehen, ist der große Christbaum. Das elektrische Licht an der Decke ist ausgeschaltet. Nur die Kerzen am Baum erleuchten den Raum. Den Kindern wird ganz feierlich zumute.

„Wo sind meine Geschenke?" fragt Stefan. Er kann es einfach nicht erwarten. Doch seine Geduld wird nochmals auf die Probe gestellt. Denn nun holt der Vater seine Gitarre und spielt darauf ein Weihnachtslied. Die Mutter und die Pichlers singen mit. Und bald stimmen auch Gerd, Gabi und die Pichlerkinder mit ein. Nur Stefan guckt sich nach den Geschenken um.

Endlich! Sie dürfen ihre Geschenke auspacken. Für die Kinder ist der schönste Augenblick des Tages gekommen. Herrliche Sachen kommen aus den Päckchen zum Vorschein. Skikleidung, Puppen, schöne Bücher, Baukästen und vieles mehr packen sie aus. Stefan bekommt eine Katze aus Plüsch. Die darf er jetzt mit ins Bett nehmen.

Frau Pichler hat ein gutes Essen gekocht – und dann gibt es ihre feinen Plätzchen. Alle sind zufrieden.

Die Kinder sitzen auf dem Boden und spielen mit ihren neuen Sachen.

Vater, Mutter und die Pichlers haben sich zusammengesetzt und unterhalten sich. Man meint, sie wären alle zusammen eine einzige Familie. Dabei sind sie so verschieden, die Pichlerfamilie aus den Bergen und unsere Familie aus der großen Stadt. Aber es ist Weihnachten, und die Freude darüber ist bei allen gleich.

Maria, eine Pichlertochter, hat eine Blockflöte bekommen. Sie kann schon ein wenig darauf spielen. Endlich gelingt es ihr, ‚O du fröhliche' fehlerfrei zu spielen. Das bringt die Kinder auf einen Gedanken. Sie sind jetzt ein Kinderchor. Sie stellen sich vor dem Christbaum auf. Und dann singen sie

miteinander ‚O du fröhliche'. Dazu begleitet Maria sie auf der Blockflöte. Es klingt wunderschön. Die Eltern sind gerührt. Schließlich wird es Zeit, schlafen zu gehen. Die Kinder begeben sich glücklich ins Bett. Im Schlaf hält Stefan seine Katze fest im Arm.

Die Geschichte vom kleinen Englein Plotsch

15. Dezember

Was war inzwischen aus Plotsch, unserem Weihnachtsengel, geworden? Er hatte mit Bumms und Hoppla die Pauke in die Reparaturwerkstatt gebracht. Sie hatten die Pauke kaputt gemacht.

Plotsch blieb hier, um nach seinem Freund Schussel zu suchen. Doch was er hier sah, schnürte ihm das Herz zu: Da lagen unzählige Spielsachen, die entzweigegangen waren. Ein Bär tat ihm besonders leid. Er hatte einen großen Riß im Bauch und weinte dicke Tränen.

Traurig erzählte er seine Geschichte: „Ich gehörte dem Jürgen. Jürgen hatte mich einmal ganz lieb. Doch dann vergaß er mich. Ich landete in der Ecke. Dort fand mich eines Tages sein Freund. Der Freund meinte, ich sei bestimmt ein guter Fallschirmspringer. Und da banden mich die beiden an einen Schirm und warfen mich aus dem Fenster vom Dach. Als ich wieder zu mir kam, war ich hier. Bitte, mach mich wieder recht hübsch! Und dann bring mich einem Kind, das mich lieber hat als der Jürgen!"

Da meldete sich der Kasper: „Bär, ich weiß aber, daß der Jürgen dich doch lieb hat. Ich gehöre Jürgens Freund. Und von ihm weiß ich, daß der Jürgen ganz traurig ist, seit er dich nicht mehr hat!"

Wie freute sich da der kleine Bär! „Bitte, mach mich schnell wieder ganz!" bat er Plotsch. „Ich will zu meinem Jürgen zurück!"

„Ich weiß nicht, ob ich das kann", sagte Plotsch unsicher. Aber der Bär tat ihm so leid. Er wollte es wenigstens versuchen.

Plotsch suchte sich Nadel und Faden und begann zu nähen. Es ging gar nicht so leicht. Immer wieder spitzte die vorwitzige Holzwolle hervor. Aber er schaffte es. Und er machte eine dicke Naht. Damit Jürgen nie vergaß, was er mit seinem treuen Freund angestellt hatte!

Die Geschichte vom kleinen Englein Plotsch

16. Dezember

Eine Puppe erzählte: „Ich gehörte einem Mädchen. Dessen Vater war Telegrammbote. Am Heiligen Abend kam der Vater nach Hause und berichtete: ‚Heute bin ich einem geheimnisvollen Mädchen begegnet. Es trug eine zer-

schlissene Hose und eine Felljacke. Das Mädchen ging auf ein kleines Haus zu. Dort sah ich im Fenster einen Mann. Er saß am Tisch und stützte traurig die Hände an den Kopf. Um ihn herum saßen sieben Kinder. Auch sie sahen sehr traurig aus.

Als das zerlumpte Mädchen eintrat, wurden die Kinder mit einem Mal fröhlich. Der Raum sah plötzlich überhaupt nicht mehr traurig aus. Auch der Vater konnte jetzt lachen.

Das Mädchen öffnete einen Schrank.' Der Telegrammbote hätte schwören können, daß er leer war. ‚Aber das Mädchen nahm daraus für jedes Kind ein Geschenk. Auch ein Christbaum war plötzlich da. Jetzt herschte nur noch Freude in dem kleinen Haus. Das Mädchen aber war plötzlich verschwunden.' Und der Telegrammbote überlegte: Ob dieses Mädchen vielleicht das Christkind gewesen ist?"

Wir basteln Weihnachtsschmuck

Hast du Lust, Gewürztaler zu basteln?

Gewürztaler sind sehr einfach zu basteln. Sie sind ein schöner Schmuck für den Weihnachtsbaum. Für einen Taler brauchst du:

2 gleich große, runde Scheiben aus Pappkarton von 5,5 cm Durchmesser,
Klebstoff (aber keinen Klebestift!)
rote Kordel oder eine andere hübsche Schnur, 50 cm lang,
grüne und weiße Erbsen, Linsen, Maiskörner, Wacholderbeeren, Reis,
kleine Nudeln, Sonnenblumenkerne usw.

Wähle aus deinen Gewürzen eine Sorte aus. Diese klebst du nebeneinander an den Rand einer Pappscheibe. Mit einer anderen Sorte klebst du dann einen weiteren Ring auf die Scheibe. Das führst du fort, bis die ganze Scheibe beklebt ist.
Du kannst mit den Gewürzen aber auch Muster kleben, z.B. sie sternförmig oder in Zickzacklinien anordnen. Vielleicht fällt dir auch selbst ein schönes Muster ein.
Wenn die beiden Scheiben ganz beklebt sind, klebst du sie mit den Rückseiten aneinander. Nun bestreichst du die Kanten mit Klebstoff und führst die Schnur oder die Kordel außenherum. Verknote sie an der Stelle, wo sich der Kreis schließt. Jetzt läßt du erst den Klebstoff trocknen.
Wenn es soweit ist, machst du noch einen Knoten in die oberen Enden der Schnur. Dein Taler ist fertig.
Ist er so schön geworden, wie der auf diesem Bild?
Oder vielleicht noch schöner?

Alle Jahre wieder

2. Kehrt mit seinem Segen
ein in jedes Haus,
geht auf allen Wegen
mit uns ein und aus.

3. Ist auch mir zur Seite
still und unerkannt,
daß es treu mich leite
an der lieben Hand.

GOTTSCHLICH

Die Geschichte vom kleinen Englein Plotsch

17. Dezember

Plotsch, unser Engelchen, war noch immer in der Himmels-Reparaturwerkstatt. Da entdeckte er Schussel. Schussel wühlte angestrengt in einer Kiste. Darin lagen unzählige Einzelteile von Spielzeugautos.

„Was machst du denn da?" wollte Plotsch wissen.

„Ich möchte dieses Lastauto reparieren", erklärte Schussel. „Doch ich finde die nötigen Teile nicht."

„Gibt es denn keinen Plan dafür?" fragte Plotsch.

„Doch. Nur habe ich ihn verschusselt", gab Schussel zu. „Aber wir schaffen das auch so."

Sie schraubten und schraubten. Doch es kam einfach nichts heraus, was wie ein Lastauto ausgesehen hätte.

„Gebt mal her, ihr Anfänger!" Das war die Stimme von Engel Pfiffikus. Er schraubte mit wenigen Handgriffen das Auto zusammen.

„Ach, so geht das!" sagte Schussel. „Jetzt können wir es auch." Und wieder schraubten die beiden mit Feuereifer.

„Nicht!" rief Pfiffikus. Doch es war schon zu spät. Plotsch und Schussel hatten das Auto, das er eben repariert hatte, wieder zerlegt.

Die Geschichte vom kleinen Englein Plotsch

18. Dezember

Spielsachen zu reparieren war also auch nichts für Plotsch. Er seufzte und machte sich auf den Weg, um etwas anderes auszuprobieren. Auf dem Flur hörte er Geräusche wie – ritsch, ratsch! – und – klopf, klopf! – Wo gehämmert wird, muß Bumms sein, dachte Plotsch. Und richtig, Bumms war in der Schreinerei.
„Kann ich dir helfen?" fragte Plotsch.
„Aber gerne", sagte Bumms. „Komm, leim hier die Beine an den Tisch!" Plotsch klebte sorgfältig die Beine an. Als der Leim trocken war, stellte er den Tisch auf. „Hm, der wackelt ja!" stellte er fest. „Ein Bein ist zu lang." Er nahm eine Säge und kürzte das Bein. Doch der Tisch wackelte immer noch.
Da habe ich wohl zuviel abgesägt, dachte er. Er kürzte auch die anderen Beine. Doch das Wackeln hörte nicht auf. Plotsch sägte und sägte, bis keine Tischbeine mehr da waren – nur noch häßliche Stummel.
„Ich glaube, ich brauche neue Tischbeine", sagte er zu Bumms.
Bumms sah sich sein Werk an. Er traute seinen Augen nicht.

„Aber Plotsch!" rief er. „Du mußt doch die Beine richtig in die Ecken kleben. Dann wackelt nichts. Komm, ich zeige dir, wie es geht. Es ist ganz einfach."

Weihnachtsbäckerei

Möchtest du noch ein paar Plätzchen backen? Hier ist ein schnelles Rezept:

Nußhäufchen
Als Zutaten brauchst du:
2 Eiweiß, 185 g Zucker, 5 g Zimt, 125 g gemahlene Haselnußkerne, Backoblaten
Backtemperatur: 150 Grad (vorheizen!)

Zu den Eiweiß in einer Schüssel kommt ein Drittel der Zuckermenge. Schlage es mit dem Mixer zu steifem Schnee. Dann nimmst du einen Rührlöffel und hebst damit den restlichen Zucker, den Zimt und die Haselnüsse vorsichtig unter.
Nun legst du ein Backblech mit den Backoblaten aus. Darauf setzt du kleine Häufchen von dem Teig. Anschließend kommt das Blech in die Backröhre. Die Plätzchen werden dort ungefähr 35 Minuten lang gebacken.

Übrigens: Die Oblaten sind wichtig. Sie sorgen dafür, daß der Teig beim Backen nicht davonfließt. Außerdem bewirken sie, daß die Plätzchen schön saftig bleiben.

Das Wunschzettel-Englein

Es war an einem späten Abend, kurz vor Weihnachten. Die kleine Ortschaft lag unter einer dicken Schneedecke. Es war still und friedlich, und nichts regte sich. Das war die Zeit, in der das Wunschzettel-Englein unterwegs war.

Unser Engelchen war noch klein. Dies war seine erste Reise auf die Erde. Es flog von Fenster zu Fenster und sammelte die Wunschzettel ein. Vor Anstrengung liefen ihm dicke Schweißperlen über das Gesicht. Und das, obwohl es so kalt war.

Seine Tasche füllte sich mit Briefen an das Christkind.

Wie viele Wünsche die Kinder doch hatten! Noch ein paar Häuser, dann hatte es seine Arbeit geschafft. Nun machte es sich auf den langen Heimweg. Im Weihnachtshimmel angekommen, setzte es sich zu den anderen Engeln. Es begann, die Wunschzettel zu sortieren. „Wie schön es doch die Erdenkinder haben!“ seufzte es. „Sie bekommen zu Weihnachten so schöne Geschenke – und niemand denkt an die vielen fleißigen Englein. Wo die Englein doch die ganze Zeit damit beschäftigt sind, ihnen die Wünsche zu erfüllen!“

Die anderen Englein waren mit fröhlichem Arbeitseifer bei der Sache.

Die Englein verpackten Teddybären, Puppen und sogar einen Puppenwagen in bunte Schachteln. Außen herum kam noch einmal Geschenkpapier. Und zum Schluß banden sie hübsche Bänder darum. Den Wunschzettel-Englein machte diese Arbeit Spaß. Doch unser Englein wurde immer betrübter. Dicke Tränen schossen aus seinen Augen und kullerten über seine Wangen. Ab und zu wischte es eine Träne weg. Aber es kamen immer wieder welche nach.

Die übrigen Engel konnten es gar nicht verstehen. Sie machten diese Arbeit schon seit Jahren. Und immer waren sie glücklich dabei.

Nur noch wenige Geschenke waren einzupacken. Dann konnten die Englein die vielen Pakete auf die Erde hinunterbringen.

Auf diesen Augenblick freuten sich alle
Englein in jedem Jahr am meisten.

Doch unser Englein konnte einfach nicht froh werden.
Gerade wollte das Christkind zur Erde fliegen. Da sah es das weinende Englein. Niemand konnte es trösten. Da nahm es das Christkind einfach an der Hand und flog mit ihm hinunter auf die Erde. Unser Engel durfte dem Christkind bei seiner Arbeit helfen. Sie schmückten einen Christbaum.

Das Engelchen hängte Süßigkeiten und bunte Kugeln daran. Durch das offene Fenster kam das Christkind. Es brachte einen Teddybären und eine Puppe. Auch eine Holzeisenbahn hatte es schon hingestellt. Das waren die Geschenke für die Kinder aus diesem Haus.
Über der Arbeit vergaß das Engelchen seinen Kummer. Es klatschte vergnügt in die Hände. Das Christkind machte erschrocken „Pst!“ Die Kinder sollten sie doch nicht hören. Dann ging es weiter zum nächsten Haus.

Endlich stand in jedem Haus ein geschmückter Christbaum. Jedes Geschenk lag an seinem Platz. Jetzt waren das Christkind und seine Helfer fertig. Unser kleiner Engel schnaufte erleichtert auf. Nun sollte es zurück in den Weihnachtshimmel gehen. Sie waren schon beinahe aus dem Dorf heraus, da fiel dem Engel ein hell erleuchtetes Fenster auf. Neugierig näherte er sich dem Haus.

Als erstes drangen die jubelnden Stimmen von Kindern an sein Ohr.

Das Engelchen flog noch etwas näher an das Fenster heran und spitzte durch die Scheibe. Was es dort alles zu sehen gab! Welche Freude herrschte rund um den Christbaum! Kinder hopsten fröhlich umher. Sie freuten sich so über die vielen Geschenke! Da freute sich das Engelchen mit ihnen. Es kam ihm gar nicht mehr in den Sinn, daß es kein Geschenk bekommen hatte. Die Freude der anderen hatte sich einfach übertragen. Neugierig flog es weiter von Haus zu Haus.

Überall waren die gleichen fröhlichen
Gesichter zu sehen.

Alle Traurigkeit des Engelchens war verflogen. Denn es gibt für Engel kein schöneres Weihnachtsgeschenk, als die glücklichen und frohen Kinder unter dem Weihnachtsbaum zu sehen.

Das Wunschzettel-Englein wurde nicht fertig mit dem Betrachten. Einige Male wollte es schon in den Himmel zurückkehren. Doch immer wieder flog es noch einmal herunter an ein Fenster. Schließlich machte es sich fröhlich singend auf die Heimreise.

So hatte das Wunschzettel-Englein doch noch ein schönes Weihnachtsfest.

Die Geschichte vom kleinen Englein Plotsch

19. Dezember

Plotsch und Bumms, die zwei Weihnachtsenglein, waren in der Himmelsschreinerei. Gemeinsam bauten sie gerade einen tadellosen Tisch. „So", sagte Bumms. „Du lackierst jetzt den Tisch, und ich baue die Stühle dazu."

Plotsch suchte sich eine knallrote Farbe aus. Die Farbe sollte den Kindern Freude machen. Fleißig begann er mit dem Anstreichen. Doch wieder mußte er feststellen, daß eine Arbeit leichter aussah, als sie in Wahrheit war. Immer wieder liefen dicke Farbtropfen die Tischbeine hinab. Bald sah der Tisch so aus, als wollte er selbst gleich mit der Farbe fortlaufen. Plotsch hatte es satt. Wütend warf er den Pinsel in den Farbeimer. Dann wollte er sich leise davonstehlen. Aber Bumms hielt ihn fest.

„Nein, Plotsch", mahnte er. „Nicht fortlaufen, wenn etwas nicht gelingt. Aus Fehlern kann man lernen. Da, nimm diesen Pinsel. Damit holst du die überflüssige Farbe herunter." Dann fügte er noch hinzu: „Bitte!" Denn Plotsch zögerte noch. Unlustig machte sich Plotsch ans Werk. Doch – sieh da! – der Tisch wurde ganz ordentlich.

Da begann Bumms zu lachen: „Hahaha, eigentlich solltest du ja nur den Tisch streichen. Von dir selbst war keine Rede! Du siehst aus wie ein Osterei. Hahaha!" Lachend hüpfte Bumms umher und fiel – plumps! – in den Farbeimer. Über und über rot kletterte er wieder heraus.

Jetzt war es an Plotsch zu lachen. „Weißt du, wie du aussiehst?" kicherte er. „Wie ein kleiner Teufel! Hahaha, und wenn du mich fragst, mir sind Ostereier

viel lieber als Teufel, hahaha!" Plotsch sah lachend zu, wie Bumms verdattert aus dem Farbeimer herauskletterte. Auch die anderen Englein rings um sie herum lachten über den knallroten Bumms. Und da lachte Bumms eben auch mit.

Die Geschichte vom kleinen Englein Plotsch

20. Dezember

Nun mußten Plotsch und Bumms gemeinsam gehen, um sich zu waschen und umzuziehen. Es gab eine Menge roter Farbe herunterzuschrubben.

Als sie wieder sauber waren, sagte Bumms: „Ich muß wieder in die Schreinerei. Ich muß noch einige Stühle bauen."

Plotsch hatte genug vom Schreinern. Er überlegte, wohin er nun gehen sollte. Während er noch nachdachte, begegnete ihm Hoppla. Hoppla schien nach etwas zu suchen.

„Hoppla", sagte er, als er Plotsch sah. „Ich suche meine Kartons. Vorhin hatte ich sie mir bereitgestellt. Ich wollte Geschenke einpacken. Aber nun sind sie weg. Ich kann sie nicht finden."

„Wer sollte denn etwas mit Kartons anfangen können?" wunderte sich Plotsch. Er sah sich um. Dabei fiel ihm etwas auf.

„Komisch", murmelte er und deutete auf den Fußboden. Da waren rote Fußspuren! Er wußte genau, daß er alle rote Farbe von sich abgewaschen hatte. Wer war also noch in die rote Farbe gestiegen?

„Ich muß sehen, wohin die Spuren führen", sagte Plotsch. Langsam ging er ihnen nach. Sie führten auf ein Zimmer zu, in dem er bisher noch nie gewesen war.

Es ist seltsam, wenn man vor einer Tür steht, die man noch nicht kennt. Was mag wohl dahinter sein?
So erging es nun Plotsch. Leise und schüchtern öffnete er die Tür. Er spähte vorsichtig durch den Spalt. Zu hören war nichts. Vorsichtig trat er ein.
Da saß sein Freund Schussel. Er war so in seine Arbeit vertieft, daß er Plotsch gar nicht kommen hörte.
„Aber Schussel, was machst du denn da?" fragte Plotsch. „Das sind doch Kartons aus dem Verpackungsraum – Hopplas Kartons! Und, he, jetzt weiß ich, woher die roten Farbspuren auf dem Flur sind! Dort liegen ja Holzstäbchen! Du bist in der Schreinerei gewesen!"
„So? Ja, ja, kann schon möglich sein", antwortete Schussel völlig geistesabwesend. Er legte die Schere beiseite und klebte die einzelnen Kartonteile zusammen. Nach und nach entstand daraus eine kleine Eisenbahn. Aus den Holzstäbchen bastelte Schussel Achsen. Und daran befestigte er Räder aus Karton.
„Donnerwetter!" staunte Plotsch. „Ist die schön!
Und sie kann ja sogar richtig fahren! Wie bist du denn darauf gekommen?"

„Ach, einfach so, als ich die Kartons da stehen sah", murmelte Schussel. „Nur weiß ich jetzt nicht, was ich damit anfangen soll."

Leise rieselt der Schnee

2. In den Herzen wird's warm,
still schweigt Kummer und Harm,
Sorge des Lebens verhallt:
Freue dich, Christkind kommt bald!

3. Bald ist Heilige Nacht,
Chor der Engel erwacht,
hört nur, wie lieblich es schallt:
Freue dich, Christkind kommt bald!

Die Geschichte vom kleinen Englein Plotsch

21. Dezember

„Hm", überlegten Plotsch und Schussel, die zwei Englein. „Was können wir mit dieser schönen Pappe-Eisenbahn anfangen?"
Die Tür öffnete sich, und Hoppla trat ein. Er besah sich Schussels Werk und war wie Plotsch entzückt davon.
„Mir fällt etwas ein", sagte er. „Ich habe euch doch von dem Jungen erzählt, der sich den Mississippidampfer wünscht. Der Junge hatte im vergangenen Sommer einen schweren Unfall. Ein Auto hat ihn angefahren. Erst war er sehr krank. Aber jetzt geht es ihm schon besser. Nur muß er noch immer im Rollstuhl sitzen. Er ist immer traurig, wenn er zusehen muß, wie die anderen Kinder spielen. Vielleicht lenkt ihn aber Schussels Eisenbahn ein wenig ab. Schussel, mal ihm doch auf, wie du sie gebaut hast. Dann kann er sie nachbasteln. Das ist ein schöner Zeitvertreib."
Plotsch sah Hoppla bewundernd an. „Du hast kein einziges Mal ‚Hoppla' gesagt", stellte er fest.
Unterdessen griff sich Schussel ein Blatt Papier und begann zu malen. Doch er setzte drei-, vier-, fünfmal an, es wurde einfach keine Bastelanleitung daraus. Schließlich warf er den Stift beiseite.
„Ich kann es nicht malen!" schimpfte er. „Basteln war einfach. Aber wie ich es gemacht habe, weiß ich jetzt nicht mehr!"
„Laß es mich mal versuchen", bot Plotsch sich an. „Ich habe ja gesehen, wie du

die Eisenbahn gebaut hast." Dann malte er. Es füllte sich Blatt um Blatt. Hoppla blieb vor Staunen der Mund offenstehen.

Die Geschichte vom kleinen Englein Plotsch

22. Dezember

„Plotsch, du bist ja ein Genie!" rief Hoppla aus. „Weißt du was? Du gehörst in die Malstube!"

So kam Plotsch in die Malstube. Hier fühlte er sich sofort am richtigen Platz. Nun malte er Bilderbücher. Die meisten Geschichten dazu hatte Bumms geschrieben. Plotsch las und las und malte und malte. Das war seine Lieblingsgeschichte:

Im Zwergenreich hatte sich das Lügenmännchen eingeschlichen. Es war häßlich mit grünen Haaren, einer langen Nase und großen Eselsohren. Und jedesmal, wenn es einen Zwerg zum Lügen bewegen konnte, wurden die grünen Haare dichter, die Nase länger und die Ohren größer. Das Lügenmännchen brachte viele Zwerge zum Lügen. Und so herrschten bald Streit und Mißtrauen im Zwergenreich. Das Lügenmännchen rieb sich vergnügt die Hände.

Es gab auch einen Zwerg Wahrhaftig. Der sah, was das Lügenmännchen angerichtet hatte. Und er nahm sich vor, es zu vertreiben. Wundere dich nicht, wie er es machte: Er begann ebenfalls zu lügen. Aber er übertrieb bei seinen Lügen so sehr, daß die Zwerge nur darüber lachten. Bald lachten sie über alle Lügen. Und schließlich lachten sie das Lügenmännchen aus.

Darüber ärgerte sich das Lügenmännchen so, daß es ganz kurze Beine bekam. Beinahe hätte es nicht einmal mehr fortlaufen können.

Ihr Kinderlein kommet

2. O seht in der Krippe im nächtlichen Stall,
seht hier bei des Lichtleins hellglänzendem Strahl
den lieblichen Knaben, das himmlische Kind,
viel schöner und holder als Engelein sind.

3. Da liegt es, ihr Kinder, auf Heu und auf Stroh,
Maria und Joseph betrachten es froh,
die redlichen Hirten knien betend davor,
hoch oben schwebt jubelnd der himmlische Chor.

GOTTSCHLICH

Die Geschichte vom kleinen Englein Plotsch

23. Dezember

Die letzten Tage vor dem Weihnachtsfest vergingen wie im Flug. Plotsch, unser Engel, war selig. Er hatte endlich herausgefunden, was er wirklich konnte. Er malte Bilderbücher von früh bis spät.

„Da bist du ja, Plotsch!" rief Bumms. Plotsch zog den Kopf ein und wartete darauf, daß die Tür mit Getöse ins Schloß fallen würde. Doch heute wartete er vergebens. Bumms kam ganz leise.

„Bist du fertig?" fragte er. „Wir müssen heute die Geschenke zur Erde schicken. Morgen ist der Heilige Abend." Und dann hatte er noch ein dickes Lob für Plotsch: „Du hast wunderschöne Bilder zu meinen Geschichten gemalt", sagte er. Plotsch wurde ganz rot.

„Hoppla, an die Arbeit!" kommandierte Hoppla aus dem Hintergrund. „Plotsch und Schussel, ihr stapelt diese Pakete vor der Himmelstür auf. Dabei könnt ihr wenigstens kein Unheil anrichten!"

Plotsch und Schussel wollten auf der Stelle protestieren. Doch sie ließen es. Irgendwie hatte Hoppla schon recht. So schleppten sie Paket um Paket.

„Plotsch, hilf mir bitte mal!" bat Schussel. „Diese Kiste will einfach nicht stehen bleiben."

Gemeinsam gaben sie dem widerspenstigen Paket einen kräftigen Stoß. Irgendwo machte es ratsch! – aber es stand.

„Wir sind fertig, Hoppla!" riefen die beiden. „Was sollen wir jetzt tun?" Hoppla kam geschäftig herbeigesaust. Er sah den Geschenkeberg – und blieb fassungslos stehen.

„Ich habe doch gesagt, VOR der Tür!" jammerte er dann ratlos.

„Ja, und? – Haben wir doch!" sagten Plotsch und Schussel treuherzig.

„Aber ich meinte doch DRAUSSEN und nicht DRINNEN!" stöhnte Hoppla. Plotsch und Schussel sahen sich betreten an. Jetzt wußten sie auch, was da ratsch! gemacht hatte. Das war die Türklinke.

Stille Nacht

2. Stille Nacht, heilige Nacht!
Hirten erst kundgemacht;
durch der Engel Halleluja
tönt es laut von fern und nah:
Christ, der Retter, ist da!
Christ, der Retter, ist da!

3. Stille Nacht, heilige Nacht!
Gottes Sohn, oh, wie lacht
Lieb' aus deinem göttlichen Mund,
da uns schlägt die rettende Stund',
Christ, in deiner Geburt!
Christ, in deiner Geburt!

GOTTSCHLICH

Wir basteln Weihnachtsschmuck

Strohhalm-Mobile

Du brauchst dazu:
15 Strohhalme in verschiedenen Längen
16 Holzperlen, Durchmesser 0,5 cm
Faden und eine Stopfnadel

Mit Hilfe der Stopfnadel ziehst du den Faden durch eine Perle. Verknote ihn gut, damit du die Perle nicht mehr verlierst. Nun stichst du die Stopfnadel durch die Mitte eines Strohhalmes und schiebst ihn auf dem Faden bis an die Holzperle. Dann kommt wieder eine Holzperle. Die mußt du nun nicht mehr verknoten! Danach wieder ein Strohhalm. Und so geht es weiter, bis du dein ganzes Material aufgefädelt hast. Dein Mobile ist fertig. Am besten hängst du es über der Heizung auf. In der warmen Luft beginnt es, sich zu drehen.

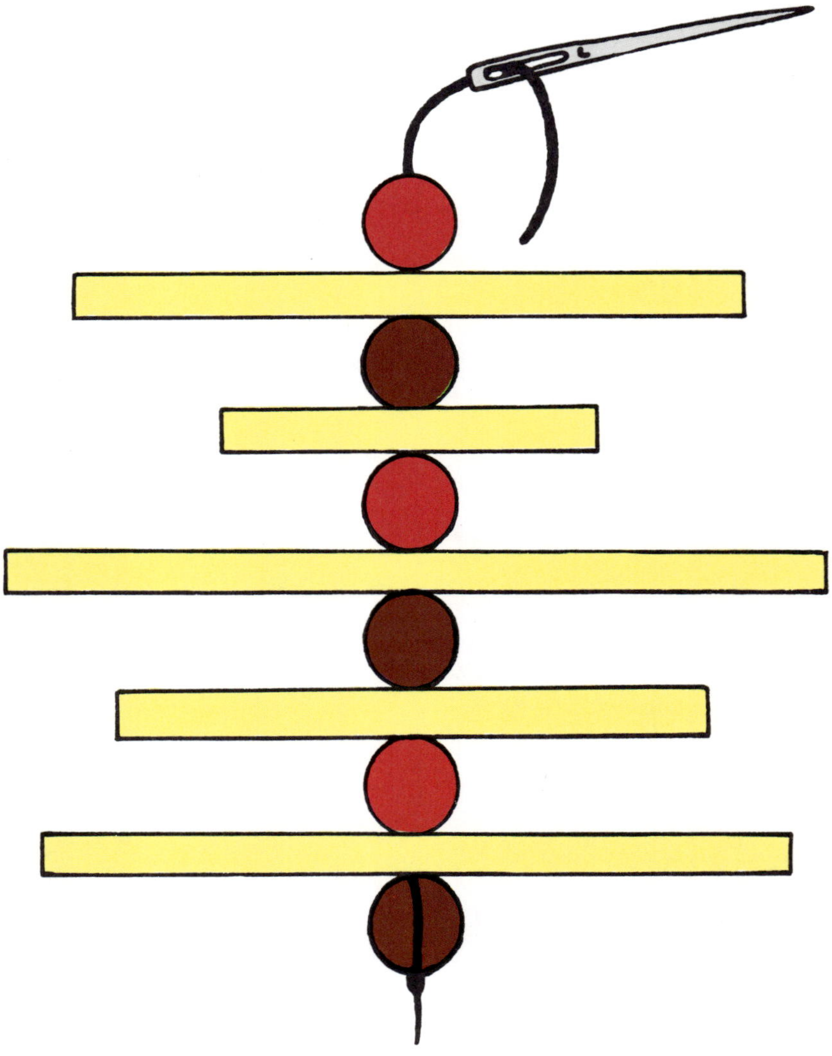

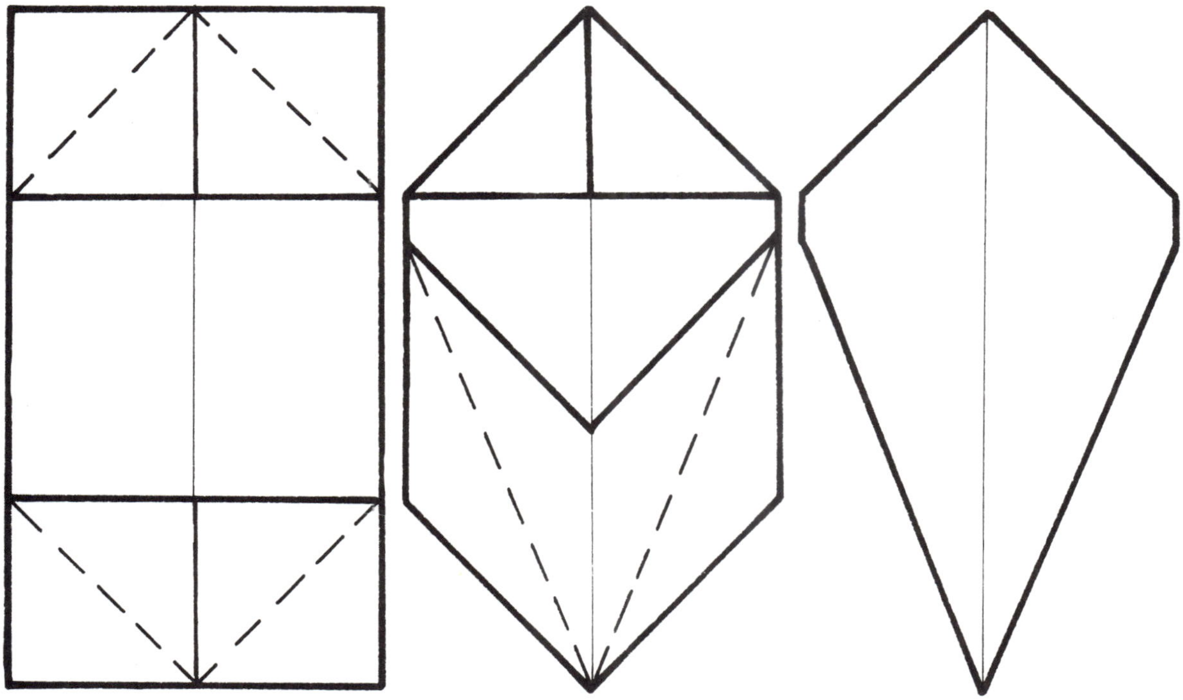

Transparentstern

Dazu brauchst du:
16 Rechtecke aus Transparentpapier in der Größe 18 × 10 cm,
Schere, Klebestift, Tesafilm

Falte jedes Rechteck einmal längs und klappe es wieder auf. Nun faltest du alle vier Ecken bis zu dem entstandenen Knick und zwei davon nochmals bis zur Mitte (siehe Skizze!). Befestige die gefalteten Ecken mit Tesafilm und klebe alle Teile wie auf dem unteren Bild zusammen. Diesen Stern kannst du nun an dein Fenster kleben.

Die Geschichte vom kleinen Englein Plotsch

24. Dezember

Im Weihnachtshimmel war guter Rat teuer. Plotsch und Schussel, die beiden Weihnachtsengel, hatten die Himmelstüre so mit Geschenken verstellt, daß sie nicht mehr zu öffnen war.

„Laßt es mich mal versuchen", sagte Bumms. „Schließlich bin ich Fachmann für Türen."

Er kämpfte sich durch die vielen Pakete hindurch. Dann begann er zu hantieren.

„Sogar die Türklinke haben sie mit eingebaut", murmelte er vor sich hin.

Plotsch und Schussel blickten verlegen zu Boden.

Es gelang Bumms, die Tür wieder zu öffnen. So konnten die Engelchen die Geschenke verladen. Es war auch höchste Zeit. Das Christkind wollte zur Erde aufbrechen!

Auf einmal wurde Plotsch ganz nachdenklich. „Aber was wird denn jetzt aus uns?" fragte er laut.

„Wir gehen jetzt schlafen", sagte Schussel müde.

„Ja, aber morgen?" ließ Plotsch nicht locker.

„Da gehen wir alle dahin, wo wir hergekommen sind", erklärte Bumms. „Unsere Arbeit im Weihnachtshimmel ist ja nun getan."

„Aber das heißt ja, daß ich zum Sternenhimmel zurück muß!" rief Plotsch ein wenig enttäuscht.

„Hoppla, das ist doch kein Grund, traurig zu sein", warf Hoppla ein. „Es muß doch auch jemand die Menschen mit Sternschnuppen erfreuen. Keiner kann das so gut wie du!"

„Schau, Plotsch", sagte Bumms, „im Weihnachtshimmel ist es nur vor Weihnachten so schön. Während des restlichen Jahres fehlen die Aufregung und die Spannung. Und Weihnachten ist erst wieder im nächsten Jahr. Vielleicht darfst du dann wiederkommen."

Ja, es wurde still im Weihnachtshimmel. Jetzt konnten sich die Englein von ihrer Arbeit ausruhen.

Das heißt, eines wollten sie natürlich nicht versäumen: Sie wollten unbedingt sehen, wie sich die Kinder über ihre Geschenke freuten. Schließlich hatten sie so liebevoll daran gearbeitet. Daher folgten sie dem Christkind mit den Blicken:

Sie sahen ein kleines Mädchen. Es las mit leuchtenden Augen ein Buch von Plotsch und Bumms. Der Junge im Rollstuhl freute sich über den Bastelbogen. Er griff gleich zu Schere und Klebstoff. Und im Nu hatte er Schussels Eisenbahn nachgebaut.

Sie sahen auch den kleinen Jürgen. Er nahm seinen geflickten Bären überglücklich in die Arme.
Da war auch Plotsch glücklich und zufrieden. Es gibt eben keine größere Freude, als wenn man andere glücklich machen kann.
Am folgenden Abend war Plotsch wieder am Sternenhimmel zu finden. Wie zu allen Zeiten hängte er wieder Sterne auf. Und wie zu allen Zeiten ließ er mal hier, mal da einen Stern fallen.
Aber neulich ist ihm etwas passiert, das hat es noch nie zuvor gegeben. Es war, als der Heilige Petrus ihn dort besuchte. Der Heilige Petrus sagte zu ihm: „Wenn du möchtest, darfst du im nächsten Jahr wiederkommen und im Weihnachtshimmel helfen. Hast du Lust dazu?"
Da sind Plotsch vor Freude gleich drei Sterne auf einmal aus der Hand gefallen!

Die Heilige Nacht.

Es war Winter und über die Fluren Judäas blies ein kalter Wind, über die Gipfel der Berge trieben Schneeschauer, da wanderte Joseph mit Maria gegen Betlehem. Sie saß, in einen weiten Mantel gehüllt, auf dem Rücken eines Esels und schwieg. Nur von Zeit zu Zeit flüsterte sie etwas, da hielt Joseph an und wartete ein Weilchen. Dann trieb er den Esel zu um so größerer Eile an, und er atmete auf, als er endlich Betlehem vor sich liegen sah, eine kleine, an eine Bergkuppe gebaute Stadt: Das war ihr Ziel, dort wollten sie in einer Herberge unterkommen.
Doch als sie die Stadt erreichten, sahen sie mit Schrecken, daß es heute gar nicht so leicht sein würde, eine Unterkunft zu finden. Die engen Gassen wimmelten von Menschen, von Karren und Reittieren, und es war ihnen anzumerken, daß auch sie erst vor kurzem hier angekommen waren. So war ganz Betlehem voll von Leuten, die Herberge suchten, und das war auch kein Wunder, denn ein Befehl war ergangen im ganzen Land und nicht nur im ganzen Land, sondern im ganzen großen Reich der Römer, Kaiser Augustus hatte diesen Befehl erlassen: Jedermann sollte sich aufschreiben lassen in seiner Heimatstadt. So sollte das Volk gezählt werden, nicht nur das Volk der Juden, sondern auch alle anderen Völker, die unter der Herrschaft der Römer lebten und Kaiser Augustus gehorchen mußten.
Nun aber lebten viele Menschen nicht mehr in ihren Heimatstädten, nicht mehr dort, wo ihre Eltern und Großeltern gelebt hatten. So mußten viele Leute zur Zählung auf Reisen gehen. Auch nach Betlehem kamen viele, weil Betlehem ihre Heimatstadt war.
Darum waren alle Herbergen voll und die Unterkünfte längst vergeben.
Wo Joseph anklopfte, erhielt er eine barsche Antwort, und wenn er sich aufs Bitten verlegte und darauf hinwies, daß seine junge Frau Maria ihre schwere Stunde erwartete, wurde ihm die Tür vor der Nase zugeschlagen.
Endlich fand sich ein barmherziger Mensch, der ihnen einen Stall als Unterkunft anbot.

„Einen Stall?" murmelte Joseph verstört und warf Maria einen verzweifelten Blick zu. „Wirklich nur einen Stall?"
Aber Maria nickte.
So ließen sie sich hinführen. Unter der Stadtmauer von Betlehem war eine Höhle. Über dem Eingang hing ein strohgedecktes Dach, und drinnen stand eine Krippe, an die ein Ochse gebunden war.
„Hier ist der Stall!" sagte der Mann.
Joseph zögerte noch immer, doch Maria gab ihm ein Zeichen, daß sie von ihrem Reitesel absteigen wolle.
Der Besitzer des Stalles brachte ihnen noch einen Armvoll Stroh und einen Eimer voll Wasser. Dann wünschte er einen guten Abend und zog die Tür hinter sich zu.
Nun war es Nacht.
In den Häusern, Höfen und Gassen der Stadt erloschen die Lichter, aber draußen in den offenen Fluren rund um Betlehem wurden die Hirtenfeuer angezündet, denn die Hirten durften nicht schlafen, sie mußten bei ihren Herden wachen. Doch da die Nacht sehr kühl war, entfachten sie kleine Feuerchen, kauerten ringsum im Kreis und schwatzten ein wenig, um sich die Zeit zu vertreiben.
Worüber mochten sie sich wohl unterhalten, diese Hirten in den Fluren von Betlehem? Vermutlich hatten sie einander nicht viel Lustiges zu erzählen, denn die Zeiten waren hart: Die Römer bedrückten das Land und quälten es mit ihrer Willkür. Wohl hatten sie einen König eingesetzt, um den Schein zu wahren, als ob das Volk der Juden sich selbst regieren würde. Doch dieser König, Herodes, war ebenfalls ein Fremder, und er war tückisch und grausam, baute sich selbst prachtvolle Paläste und scherte sich nicht um die Not der Armen. Wie immer und überall auf der Welt lebten auch damals die Reichen und Mächtigen in Prunk und Übermut und die Armen und Schwachen in Not, Kummer und Furcht, mühselig und beladen. Worauf sollten sie hoffen? – Das mochten sich die Hirten fragen in jener dunklen, kalten Nacht vor den Mauern Betlehems wie in vielen anderen Nächten zuvor, während das Feuer zwischen ihnen allmählich abbrannte und zu einem Häuflein Glut zusammensank. Nun ging es schon auf Mitternacht zu.
Einer verstummte und dann der andere, und mancher war schon eingenickt.
Da aber geschah etwas Seltsames: Es war zuerst wie das Wehen des Windes hoch droben in den Lüften, ein Sausen und Knistern unter den Sternen. Dann floß ein zarter Glanz über die Ränder der Hügel und zeichnete den Mauerkranz von Betlehem nach. Schließlich zog sich der Schimmer zusammen zu einer einzigen hochaufgerichteten, glänzenden Gestalt. Sie kam näher heran und hielt schließlich bei den Hirten inne, und eine Stimme sprach: „Fürchtet euch nicht, ihr Männer, denn ich habe euch eine große Freude zu verkündigen. Heute nacht ist in Betlehem, in der Stadt Davids, der Heiland dieser Welt geboren worden. Geht dorthin und sucht ihn. Ihr werdet ein Kind finden, in Windeln gewickelt und in einer Krippe liegend."

Die Hirten lauschten. Es war ihnen so wunderbar zumute! Diejenigen, die schon eingeschlafen waren, glaubten noch zu träumen, aber andere waren schon aufgesprungen, um, wie der Engel gesagt hatte, nach Betlehem zu eilen und den Heiland zu suchen. Nun aber geschah noch etwas anderes: Rings um den einen ersten Engel schwebten auf einmal andere selige Geister. Sie schienen vom Himmel herabzusteigen, als hingen tausend und aber tausend Leitern unsichtbar im Raum zwischen den Sternen, und über jede dieser Leitern kam eine Schar singender Knaben, geflügelt und in schimmernden Gewändern; viele hielten Harfen in den Händen, andere Flöten, und aus all dem Singen und Klingen, das den Himmel durchströmte, waren die Worte zu vernehmen:

„Ehre sei Gott in der Höhe
und Friede allen Menschen auf Erden,
die guten Willens sind!"

Allmählich wurden die Stimmen leiser, der Glanz erlosch oder zog sich nach oben zurück, und schließlich standen nur noch die Sterne am Himmel. Die Hirten machten sich auf den Weg nach Betlehem. Als sie ankamen, war das Kindlein schon geboren, und Maria hatte es in Windeln gewickelt und in die Krippe gelegt.
Die Hirten fielen auf die Knie und beteten es an. Und keiner von ihnen vergaß diese Nacht, solange er lebte.

AM WEIHNACHTSMORGEN

Als der frühe Morgen graut
und durchs kleine Fenster schaut,
da erwachen beide schon,
und die Mutter sieht den Sohn,
der noch eben krank gewesen,
heiter, blühend und genesen.
Hundertfacher Kerzenschein
füllt das kleine Zimmerlein.
Und in herrlicher Verklärung
glänzt die prächtige Bescherung.
Alles hat in später Nacht
hier der Engel hergebracht;
Weihnachtsbaum in vollem Prangen,
wunderherrlich ausgeschmückt
und mit allem reich behangen,
was nur Aug' und Herz entzückt,
da ist auch der Struwwelpeter
und der lustige Trompeter;
Nüsseknacker steht dabei,
Hanselmänner sind es zwei,
Arche Noah und ein Hahn,
Häuser, Kirch' und Baum daran,
und daneben auf der Erd'
steht sogar das Schaukelpferd.

Inhaltsverzeichnis